Du même auteur :

Ces amours qui nous font mal, Ed. Marabout, 2001.

Être la fille de sa mère et ne plus en souffrir, Ed. Marabout, 2002.

Ouvrage dirigé par Bernard Leduc

50, rue de Plaisance
75014 Paris – France
E-mail : infos@leduc-s.com
Web : www.leduc-s.com
ISBN : 2-84899-017-1

FIDÈLE
PAS FIDÈLE ?

ENQUÊTE SANS TABOU SUR L'INFIDÉLITÉ FÉMININE

Patricia Delahaie

À Hubert, Vincent et Sébastien.

Remerciements.

A toutes les femmes qui se racontent dans ce livre. Je le dois à leur confiance et à leur générosité.

Aux psychanalystes qui m'ont éclairée :

Dominique Doukhan-Zyngierman, Sophie Cadalen, Christine Fleming et au Dr Ghislaine Paris, médecin sexologue.

SOMMAIRE

AVANT-PROPOS

Une quarantaine de femmes témoigne dans ce livre et la première question que l'on me pose est : « *Comment les avez-vous trouvées ?* » Pas dans mon entourage direct. Je ne voulais pas interroger les femmes dont je connaissais les maris… J'ai préféré m'en remettre au hasard. Pendant un an, j'ai annoncé partout où je me trouvais, à Paris, en province, en entrant dans une boutique, en allant à une fête, au cours d'un repas… que j'écrivais un livre sur l'infidélité féminine. Les réactions n'ont jamais été indifférentes. Elles allaient de la gêne (Oh ! nous sommes des femmes « *honnêtes* ») au petit rire qui en dit long. À celles-ci je suggérais : « *Le sujet vous intéresse ?* » Oui, on connaissait une copine, une belle-sœur… Parfois on en venait à dire : « *Moi ? Non, je n'ai jamais trompé mon mari. Ou alors… très très peu* » D'autres femmes étaient directement concernées, « *en plein dedans* ». Ce sont leurs témoignages, principalement, qui étoffent ce livre. Pourquoi ont-elles accepté de raconter, pendant trois ou quatre heures parfois, un aspect aussi intime et secret de leur vie ? Comme toujours en pareil cas, « *pour se comprendre et pour aider* ». Évidemment, les noms et les situations ont été changés. Les témoignages en revanche – entre rires et larmes – , sont livrés sans retouche et parfois en termes très crus. Pour qu'on retrouve ces femmes telles qu'elles sont : sensuelles, inquiètes, un peu fières, un peu honteuses et toujours si vivantes. Ce livre leur est dédié. À toutes, un grand merci !

INTRODUCTION

Comment ça, pas encore craqué ? Vous êtes sûre, sûre ? Même pas un petit flirt entre deux portes ? Même pas un frôlement de genoux sous une table de bistrot ? Même pas un petit pelotage intempestif avec un ex s'enflammant à l'idée des nuits torrides que vous passâtes ensemble ? Si nous nous permettons d'insister, c'est que les autres le font. Les autres, c'est-à-dire les collègues, les copines… Difficile pour elles de croire que vous soyez *fidèle, fidèle ?* Au point de répéter le mot, deux fois, pour les nuances.

Petit village, femme au foyer, toujours avec votre homme, on comprend que vous soyez sage : le peu d'occasions, la peur du qu'en-dira-t-on… Mais en ville, faire croire au cantonnement des sens, relève du tour de force. La *malheureuse* (?) avouant son « *retard* » dans la bagatelle est regardée avec un scepticisme d'autant plus grand qu'elle aligne les années de mariage. Face à cette « *rareté* », les cerveaux moulinent, suspectent, soupèsent et diagnostiquent : « *Voyons, voyons serait-elle vierge (à sa façon) parce qu'elle est moche ou parce qu'elle est coincée ?* »

L'innocente n'étant ni l'une ni l'autre, on en conclut qu'elle succombera « *comme les autres* » à la première occasion. Car il suffirait d'un conquérant subtil et chaud pour faire tomber les plus farouches. À moins qu'elle aime encore avec passion. Ah ! L'amour, le vrai, le grand, avec un grand A, tout le monde en rêve. Tout le monde veut y croire, mais est-ce possible ? Est-ce un mythe ? Les coquettes sont-elles des coquines ? Comment savoir ? À qui se fier ? Aujourd'hui, la question passionne, parce qu'elle est ouverte.

Notre époque n'a rien inventé. L'amour à trois est né en même temps que la vie à deux. « *Le couple est un attelage si difficile à mener qu'il faut parfois être trois pour en venir à bout* » écrivait déjà Confucius. Non, la nouveauté vient des femmes qui veulent vivre, désirer et jouir si possible. Et des médias qui traitent du couple et de l'infidélité en des termes inédits. Le couple ? Génial au début. À terme, gris, terne, ennuyeux. À réveiller, à travailler. Comment ? En y introduisant du tiers, de l'oxygène, de l'ailleurs à deux (dans l'échangisme) ou de l'ailleurs simple, dans l'aventure. Ainsi, faire ménage à trois serait la seule manière de désirer encore ce conjoint régulier pour lequel on aurait, au fil des années, de moins en moins de goût.

Dans ce contexte morose, l'infidélité devient une évidence à pratiquer sans modération. Ouvrez les journaux, regardez la télévision, Catherine Millet fait un tabac en racontant sa vie sexuelle à partenaires multiples. « *L'île de la Tentation* » sur TF1 fait craquer les couples. Le philosophe André Comte-Sponville nous dit que « fidélité n'est pas vertu ». Son confrère Michel Onfray affirme que « *le libertinage est une aspiration universelle* ». Notre ancien Président de la République, lui-même, rejoignait sa dernière demeure entouré de ses deux « épouses ». Ainsi, on s'emploie à dédouaner les humeurs coquines. La presse féminine publie régulièrement des articles sur *« la tentation de l'amant »*. Les copines jurent qu'elles *« s'éclatent »* dans d'autres bras…

Fidélité/infidélité ? On sait de moins en moins ce qu'il faut en penser. Est-il vrai que tout le monde trompe tout le monde ? Est-il vrai qu'un amant met un peu de soleil dans l'eau froide ? Est-il vrai qu'un couple ne s'en relève jamais vraiment ? À moins que ces infidélités ne soient très rares, très parisiennes et montées en épingle ? Où en sommes-nous exactement ? Que les hommes trompent leur femme, c'est une banalité chiffrée : un sur quatre environ, sachant qu'ils ont tendance à vanter ce que les femmes préfèrent minimiser. Mais, et là c'est nouveau, les femmes commencent à dire, elles aussi, qu'elles s'ennuient au lit, qu'elles veulent du plaisir, éventuellement, qu'elles ont « *besoin d'hommes* ».

Alors pourquoi seraient-elles fidèles ? Cette peur d'être enceinte, qui terrifiait les femmes, ne tient plus. Plus aucun risque en France d'être répudiée : 70 % des mères de familles gagnent leur vie. L'appartement est aux deux noms et, depuis 1975, l'adultère n'est plus considéré comme une « *faute* ». Ici, aucun mari, aucun père, aucun grand frère ne nous tuera pour racheter l'honneur perdu de la famille. Ici, pas de « *crime d'honneur* », pas de lapidation, pas de femmes exécutées d'une balle en pleine tête devant une foule comblée, que justice soit faite. Quelle chance, quel progrès pour les femmes et pour l'humanité de pouvoir « *tromper comme les hommes trompent parfois* », sans déshonorer personne, ni risquer leur vie. Mais pouvoir signifie-t-il vouloir ?

Libres nous le sommes, mais de dire oui... ou non. Qu'allons-nous faire de cette liberté si chèrement conquise ? « *Rien !* » répondrait la majorité des femmes. Certes, les chiffres sont très variables – et très peu fiables aussi –, mais les dernières statistiques révèleraient entre 15 et 19 % d'infidélité féminine. Un chiffre qui augmente, mais pas dans les proportions attendues. Cependant faut-il s'y fier ? Sur le sujet, les femmes sont discrètes et... oublieuses. En réalité, elles auraient beaucoup plus d'aventures qu'elles ne l'avoueraient. Le célèbre rapport Hite sur « *Les femmes et l'amour* » affirmait que 70 % des femmes américaines, ayant plus de cinq ans de mariage, avaient été infidèles au moins une fois (contre 72 % des hommes).

Les goguenards qui ne croient ni au couple ni à la fidélité auraient-ils raison ? Faute de données, nous ne trancherons pas. En revanche, ce qui est de plus en plus reconnu, c'est que nous sommes tous et toutes traversés de désirs multiples. Même les plus amoureuses, même les plus fidèles doivent se convaincre désormais que « *c'est possible* ». Personne n'est à l'abri d'une crise personnelle, conjugale ou d'une rencontre lumineuse. Les occasions se multiplient, le bureau où nous allons tous, est le plus grand fournisseur d'accès au sexe illicite et « *la chair est faible* ». Est-il absurde d'imaginer ce que l'on ferait si… Est-il absurde de se poser la question personnellement et en couple, et de réactualiser ses réponses à mesure qu'augmentent les années de vie commune ?

Autrement dit, l'infidélité est-elle, comme certains le disent, une expérience heureuse et légère dont on aurait tort de se priver ? Ou bien est-elle, comme d'autres l'affirment, une aventure à fuir, ne provoquant, à la longue, que des ruptures, des drames trop cher payés pour quelques heures de plaisir risqué ? Pour répondre à cette question si moderne, et grâce à des femmes de 25 à 66 ans, toutes en couple depuis au moins cinq ans et la plupart mères de famille, nous avons instruit le dossier de l'infidélité, à charge et à décharge. Après s'être racontées, certaines se sont senties mieux parce qu'elles comprenaient leurs raisons en les exprimant. Et d'autres plus mal, parce qu'il fallait bien constater parfois, les souffrances vécues et provoquées, mais auraient-elles pu faire autrement ? Nous avons aussi rencontré des femmes heureuses, équilibrées et ne faisant souffrir personne. Ce n'était pas la majorité…

Quelques spécialistes ont également donné leur avis. Parmi eux une femme médecin sexologue qui s'est écriée : « *Vraiment, un adultère n'a jamais rien d'enrichissant !* » Or cette enquête débouche sur d'autres conclusions. Il n'est pas question d'écrire ici que l'infidélité est souhaitable. Ni de la recommander. Encore moins d'affirmer qu'elle est facile à vivre ou encore de nier les dégâts, parfois immenses, qu'elle peut causer. Mais il est un bénéfice indéniable qu'on peut lui reconnaître : par l'accélération psychique qu'elle provoque, par les émotions, les joies et les peurs qu'elle réveille, par les remaniements personnels qu'entraîne une relation intime avec un autre que soi – et un homme autre que son mari –, l'infidélité est, si ce n'est un enrichissement, du moins un bouleversement qui fait avancer. Mais comment, vers quoi ? C'est une autre histoire que ce livre raconte…

Première partie

LES RAISONS D'ÊTRE FIDÈLES

La fidélité n'est plus tout à fait ce qu'elle était : la vertu obligatoire des femmes *« comme il faut »*. La valeur mollit. Les fils se distendent, se personnalisent. On comprend que la femme d'un mari volage prenne à son tour du bon temps. On admet que la rencontre du grand Amour fasse quitter quelqu'un pour… quelqu'un, quitte à voir les deux histoires se superposer un moment. En fait, l'engagement prend la tournure d'un CDD. C'est un contrat à durée déterminée signé *« pour l'instant »* tant que tout va bien, tant que l'amour dure, tant que le conjoint est à la hauteur de cette exclusivité qu'on lui consent. De plus, chacun donne à la fidélité un sens très personnel. Car tromper, ça commence où ? Les jusqu'au-boutistes crient à l'infidélité au premier regard posé sur un autre homme. Sur un point au moins, les purs et durs de la fidélité n'ont pas tort : le grand outil de la séduction, c'est le regard. Les intégristes et nos arrière-grands-mères avaient raison : « *Baisse les yeux !* » disaient-elles. De ce point de vue extrême, un voile sur la tête et une grille devant les yeux, y'a pas mieux !

La plupart des femmes protestent : *« Tout de même on a bien le droit de trouver qu'un homme est... enfin, qu'il n'est pas si mal de sa personne ! »* Ceci admis, pas question d'aller plus loin. « Honnêtes femmes » elles sont. « Honnêtes femmes » elles resteront. Pas question pour elles d'avoir des discussions intimes avec un collègue ou un ami du couple par exemple, car faire l'amitié avec un homme, c'est déjà lui faire l'amour. Cette complicité ne peut, ne doit exister qu'avec leur amoureux, leur fiancé, leur époux.

Évidemment, les jeunes femmes qui ont des copains garçons depuis l'école maternelle et jusqu'aux bancs de la fac, savent bien que la mixité a brouillé les pistes. Avec eux, depuis toujours, elles parlent de tout, de rien et de sexe. Avec eux aussi, on se touche, on s'embrasse un peu, beaucoup ? Les discussions et les corps à corps se sont banalisés. Un soir de fête ou de cafard, elles pourront même grimper dans leur lit faire un câlin de môme, comme avant. Tromper ? Pas du tout, car il existe une différence *« énorme »* entre dormir et coucher. Pour elles, l'infidélité est uniquement sexuelle mais chacune a son idée du « *sexuel* ». Un baiser, c'est sexuel ? Et le fantasme, c'est sexuel ? Penser à Brad Pitt dans les bras de son homme, c'est sexuel ? Et à son ex ?

Pour d'autres femmes qui sont Don Juane comme on est Don Juan, on a bien le droit de coucher (une petite aventure pour le fun par-ci par-là) mais pas d'aimer : « *Mais non, je te jure Chouchou, je ne t'ai pas trompé, c'était juste un coup comme ça...* » La vraie trahison selon elles, serait de tomber amoureuses et de « *continuer à vivre avec son mec comme si de rien n'était* ». Du moment que les écarts restent très en dessous de la ceinture, elles ne se sentent pas très fidèles peut-être, mais toujours « *loyales ».* C'est cela qui compte. Tout comme, à l'inverse, se sentent vertueuses ces femmes qui rêvent de faire l'amour avec le collègue, le voisin qu'elles ont dans la peau mais qui, tant qu'elles le mangent des yeux « *en tout bien tout honneur* », estiment n'avoir rien à se reprocher.

Et puis il y a les nuances : *« Avec un ex ce n'est pas tromper, c'est rembobiner une vieille histoire ».* Les demi-teintes :

« coucher une fois ce n'est pas grand-chose, c'est seulement si ça dure que c'est une vraie tromperie ». Tout dépend aussi de la qualité du rapport au sens global du terme : si c'était bon alors là, oui, c'est grave…

Dans cette première partie, les femmes fidèles ont la parole. On y découvre que les principes n'osent plus se mettre en avant. Comme si la fidélité était une valeur presque dépassée. *« Vous êtes fidèle mais pourquoi ? »* À cette question, elles préfèrent répondre avec humour. De leurs réponses, sortent deux idées force, la première : les femmes se sentent assez fragiles, capables de craquer. La deuxième, la fidélité est une affaire entre soi et soi. Une question d'image ! Monter à l'hôtel, se déshabiller devant un inconnu, se glisser dans ses bras et dans ses draps quelle horreur ! La question du mari passe au second plan. C'est plutôt par rapport à soi-même que le rouge monte aux joues. Enfin parmi les femmes fidèles, certaines ont une expérience de l'infidélité soit personnelle, soit par procuration via les copines. Et pour elles, vraiment, pas question de s'embarquer dans cette galère…

Par amour

« Je sais que je vais faire sourire mais tant pis, j'ose le dire. Que nous nous soyons mariés, que nous nous soyons juré fidélité enfin... je ressens mon corps, comme une sorte de... c'est idiot à dire, mais enfin comme un lieu de culte dédié à notre amour. Mon ventre est une église, un sanctuaire, un lieu d'intimité, de pureté. Là où ont été conçus, portés nos enfants. On va me trouver ridicule complètement ringarde mais je comprends l'idée de souillure. Si un autre homme me pénétrait, je serais salie. J'aurais honte. Tellement honte que je n'oserais plus regarder Farid dans les yeux. Et mes enfants, ce serait pire ! Je suis sûre que je penserais au suicide ! » Tout de suite les grands mots... Comme elle fait peur Marie avec son idéal de femme intouchable ! Ce n'est pas du tout qu'elle soit ridicule. C'est son exigence qui est terrible : pas de mauvais sentiments, pas d'ambivalence, pas de demi-teintes. La vertu ou la mort. Comment être humain pour soi, pour les autres, au pays des idéaux ?

La fidélité comme un absolu

Marie la catholique est mariée à Farid le musulman et pour elle, la fidélité est un absolu qui va de soi. D'ailleurs leur amour tient du miracle. Dans une manif, ils se sont dirigés l'un vers l'autre sans se connaître. Évidence immédiate ! Ils sont faits l'un pour l'autre. *« Quand on a la chance de vivre un coup de foudre et qu'il dure depuis dix ans, on ne va pas prendre le risque de tout gâcher. Mais je n'ai aucun mérite. Pour moi, les autres hommes n'existent pas. Je porte une sorte de voile intérieur… »* Sûre d'elle, de son couple, de son amour, de sa fidélité, cette mignonne petite blonde ouverte et candide, l'est à 100 %. Rien ne peut lui arriver car à ses yeux, l'amour est d'un bloc, tout beau ou tout laid. À jamais ou pour toujours. Pas de demi-mesure. Pas de place pour les crises, pour la faiblesse humaine, pour les rencontres lumineuses…

De même, la fidélité : ou elle est totale ou elle n'est pas. Marie n'envisage ni le fantasme, ni le baiser furtif, encore moins un amour secret même platonique : *« Être avec Farid et penser à Tartempion ? C'est déjà une trahison, non ? »*. Si encore elle vivait recluse mais elle est interprète, sans cesse en déplacement, comme son mari faisant de l'import-export entre Paris et Tunis. La rigueur de Marie est invisible pour les autres. Elle s'habille à la mode. Elle est belle comme un cœur, très avenante. Peut-être est-ce le souvenir du Petit Chaperon rouge et du grand méchant Loup, mais on l'imagine un soir de blues, se laissant offrir un verre, puis deux, par un client montrant patte blanche. Et comment refuser, de nos jours, les avances d'un client ? Les puristes de l'amour tombent des nues la première fois qu'ils se surprennent à penser que… La plupart se ressaisissent aussitôt. Et souhaitons, bien sûr, que l'amour de Farid et Marie garde sa force, sa pureté de toute éternité. Mais ne vaudrait-il pas mieux qu'ils se sachent faillibles ? Et qu'ils puissent se pardonner si un jour, par hasard…

Thérèse a 50 ans. Comme Marie, elle est catholique pratiquante. Un jour, elle fait un pèlerinage sur la route de Saint-Jacques de Compostelle. D'autres pèlerins l'accompagnent. L'un d'eux est beau comme un berger… Vous imaginez la suite. Personne chez elle ou dans la paroisse n'en a jamais rien su, mais Thérèse est morte à elle-même. Elle ne peut plus regarder son mari en face. Elle ne se sent plus aucun droit, aucune autorité pour guider ses grands fils. À ses yeux, elle est salie, souillée, perdue. Tous ses repères ont volé en éclats. Impossible de se confier au curé. Trop de honte ! Ni au médecin de famille, quelle horreur ! Ses amies ? Elles la jugeraient. Ce « moment d'égarement » évoqué par sa psychothérapeute, est d'autant plus « *impardonnable* » qu'elle y a pris un plaisir inédit. Elle se diabolise, se sent déchue, indigne. Sous Prozac, elle se calme… Ce sont surtout les jeunes gens qui ont, pour eux-mêmes et leur partenaire, des exigences d'ayatollah. Vincent a 22 ans et un raisonnement carré : « *Quand on est amoureux, c'est simple, on se tient. Si une fille me trompe, je la vire immédiatement et sans remords puisque c'est une pute !* »

La fidélité comme une évidence…

Heureusement, il arrive que la fidélité soit totale mais souplement, sans promesses éternelles ni serments définitifs. Cela fait 31 ans que Monique est fidèle au jour le jour, sans y penser, sans se forcer. « *La question ne s'est jamais posée : aucun homme ne m'a jamais plu* ». Cette jolie rousse de 54 ans aux yeux rieurs a eu des aventures avant de rencontrer François. Elle a aimé flirter. Certains garçons étaient formidables, mais rien à voir avec la complicité qui l'unit à son homme. Il est le seul qui ait vraiment compté, le sel de sa vie, sa passion : « *C'est comme ça, je l'ai dans la peau. Quand je lis un truc drôle, je pense à le lui raconter. Quand il fait beau, je me dis : tiens dommage que François ne soit pas là ... Le quotidien, tout le monde déteste. Moi, j'adore les petits riens. Ceux de son corps : son grain de beauté dans le cou, la douceur du lobe de ses oreilles, sa manière d'embrasser comme enfin…* (elle rit) *comme s'il avait un périscope au bout de la langue. Et ceux de notre vie : sa manière de mettre ses lunettes au bout du nez, de rire en mettant sa main devant sa bouche pour cacher l'incisive cassée qui le complexe… Je connais tout : ses gestes, ses mots, ses idées mais je ne sais jamais dans quel ordre il va les présenter. Il m'émeut, me passionne. Pour l'amour c'est pareil, toujours la même chose et toujours nouveau. Ce sera comment aujourd'hui ? Tendre, passionné, rapide, lent, complètement raté ? Quand on s'aime, il y a du suspense dans la vie à deux. Pour moi, la fidélité n'est pas une valeur, ni même une promesse, c'est une évidence.* »

Je suis tentée et ça retombe comme un soufflé…

Même credo chez une autre grande amoureuse, Valérie.

Contrairement à Monique qui a été la femme d'un seul homme, elle a un long passé de séductrice. À 48 ans, elle aime toujours plaire et se serrer contre un homme en dansant un slow, lors des fêtes que cette bonne vivante organise souvent. D'ailleurs, elle n'a jamais promis fidélité et ne manque pas de dire à son (troisième) mari qu'Untel est chaviré par l'un de ses spectaculaires décolletés. Elle se sait « *très chaude, très allumeuse. Il faut rester sexy. Une bougie éteinte n'attire plus...* » Mais pour la bagatelle, les danseurs repasseront. Valérie ne peut plus craquer : « *Je ressens un élan physique pour pas mal d'hommes, car j'en vois tous les jours qui sont très séduisants. On se plaît. J'aime faire l'amour et ils le sentent. Mais je pense à mon mari et pof ! Plus rien. Je l'imagine avec sa bonne tête, son ventre rond, sa peau douce et tout l'amour qu'il me porte. Mon désir retombe aussitôt, comme un soufflé...* »

En général le grand amour garantit la fidélité. Dans le rapport Hite, 98 % des femmes qui disaient « être très amoureuses » de leur mari (et pas seulement l'aimer) étaient fidèles. Mais que se passe-t-il quand le « a » de l'amour devient moins majuscule ? « *C'est un peu comme si j'avais rouvert les yeux* » explique Ariane, belle blonde sexy de 32 ans. Pendant 8 ans, elle s'est occupée de son mari et de sa fille sans rien voir au dehors. Peut-être a-t-elle été courtisée par quelques hommes. En tout cas, elle n'a rien vu. Ou plutôt, elle a coupé net, ne donnant aucune prise aux avances qui lui étaient faites. Et puis un jour, pourquoi, comment, elle n'en sait rien, mais avoir des relations amicales, amoureuses et même sexuelles avec un autre homme est devenu non seulement possible, mais enviable. « *Pendant huit ans, à chaque fois qu'un beau mec m'approchait, je me faisais la leçon : fidèle, fidèle ! Et puis un jour c'est comme si le soleil s'était levé sur ma vie. J'ai commencé à avoir le nez en l'air, les yeux à l'affût. J'étais repartie à la chasse. Oui, pas de doute, ce matin-là, l'infidélité est devenue une évidence...* ».

Par choix

Pour d'autres, la fidélité ne relève pas de l'évidence, mais de la raison. Les femmes dont nous allons parler choisissent de parier sur leur couple parce que l'infidélité leur paraît tout simplement « *dangereuse* ». Comme une boîte de Pandore ne pouvant entraîner, si on l'ouvrait, que des insatisfactions ou des catastrophes. « *Soit je m'éclaterais follement et par comparaison, ce que je vis à la maison me semblerait bien morne ; soit je me laisserais déborder par la passion et je risquerais de foutre ma vie en l'air. Ou bien encore ce serait nul et alors quel intérêt ?* » résume Sylvia pour laquelle une aventure serait forcément une… mésaventure.

Elle en constate les effets sur ses copines. Parfois, elle leur envie leur excitation, leur euphorie. Mais elle juge les retombées terribles : « *C'est comme une bringue trop arrosée qui finit par rendre malade* ». Dany, 43 ans, est du même avis : « *L'infidélité c'est du TNT dans la maison. Mon premier mariage a commencé à sombrer le jour où j'ai été trompée. Je ne l'ai pas supporté et ça a tout cassé : la confiance, le plaisir, l'admiration. Il n'est pas question que je repasse par cette bêtise* ». Remariée depuis dix ans, elle constate qu'elle « *n'aime pas comme on aime à vingt ans* ». La passion, le frisson lui manquent au quotidien, mais « *Je ne sais pas le prix à payer pour quelques heures de plaisir* ».

Trop dangereux !

« Trop cher sans doute » supposent les femmes qui ont été tentées et qui ont reculé : *« Un soir, un collègue m'a raccompagnée en voiture à la maison. Pendant tout le trajet, j'ai ressenti un trouble contagieux. Au moment de nous quitter, nous nous sommes embrassés fougueusement. Je me suis sauvée en courant. Depuis, je l'évite, je ne lui parle plus. Quand je me suis*

vue dans l'ascenseur remettre de l'ordre dans mes cheveux et redresser mon pull, ma décision était prise : plus jamais ça ! Je me suis sentie en danger avec les joues en feu et les fringues sens dessus dessous. C'était trop bon ! Embrasser, c'est un début, c'est déjà ouvrir une brèche dans le contrat moral. Je me suis juré que c'était la première et la dernière fois ».

D'autres estiment qu'elles souffriraient psychologiquement. Parce qu'elles sont d'un caractère entier, incapables de s'écarteler entre deux hommes, deux attitudes, des faux-semblants. Pour Caroline, 32 ans, grande sportive, baroudeuse : « *On est avec quelqu'un totalement ou pas du tout. Se donner à moitié, n'est pas ma nature. Je fais tout à fond, le ménage, le sport... alors l'amour !* » Pour sa sœur Sophie, plus effacée, l'infidélité serait aussi une erreur mais pour d'autres raisons : « *L'aventure, c'est l'âne de Buridan qui ne voulait ni avancer ni reculer. Comme je suis quelqu'un de très hésitant, je serais dans l'état de la pauvre bête bloquée au carrefour, incapable d'aller dans un sens ou dans un autre, comme paralysée* ».

Fausse route encore, quand on voit l'infidélité comme une menace de désordre et de déséquilibre. Pour avoir vu son père tromper sa mère, Gaëlle, 28 ans, se promet de tout faire pour maintenir la cohérence des siens. « *On savait que Papa partait retrouver ses maîtresses. Il se peignait avec soin, s'arrosait de lavande, tandis que Maman s'enfermait pour pleurer. Je ne serai jamais la femme qui trompe. Je laisse à d'autres le sale boulot. Plus tard, mes parents ont divorcé et j'en ai beaucoup souffert. Ma fidélité est une manière de mettre mon couple et mes enfants sous cloche, pour les protéger...* » Un parti pris qui, chez elle, suppose des concessions. Il n'est pas facile tous les jours pour cette pimpante maquilleuse de plateau de dire qu'elle est sage. Sur les tournages, des hommes très séduisants lui font des compliments et même des avances. Il faut dire qu'elle ne porte pas son alliance « *un peu dépassée dans ces milieux-là* ». Tous les jours donc, elle maquille des acteurs, des hommes politiques, des écrivains qui la trouvent fort à leur goût. Elle les touche, les rend plus beaux. Ils sont troublés. Elle aussi parfois, souvent ! Mais c'est non. C'est un choix. « *Ce que je perds en aventures et en rencontres intéressantes – car il serait merveilleux de connaître un peu mieux tous ces hommes – je le gagne en confiance, en épanouissement, en bonne image de moi-même et en sécurité : je ne risque pas de perdre mon mari, par ma faute. Ma fidélité n'est pas un interdit moral qui m'est extérieur. C'est un choix personnel et conscient tenant compte de ce que je suis, de ce que je vis et de ce que je veux. Pour moi et pour mon couple* ».

Et parce que la fidélité, c'est beau !

L'infidélité est ressentie comme une menace de désordre et comme une trahison mais moins (lorsque c'est un choix) de son conjoint que de soi-même, de ce que l'on est, à savoir *« entière, franche et honnête »*. Anne-Cécile est une grande bourgeoise, très chic, de très bonne famille, mariée depuis vingt ans, ayant fait des études de grec et de latin, avec six enfants qui la vouvoient. Quand on l'interroge sur la fidélité, on s'attend à de grandes déclarations sur le sacrement du mariage et le devoir moral qui en découle. Or, elle répond en riant : « *Changer n'est pas dans ma nature. J'ai essayé quantité de parfums mais je reviens toujours au même. Pour les hommes c'est pareil !* »

Enfin, il existe une esthétique de la fidélité vécue moralement, comme une forme d'élégance. La fidélité devient alors un beau geste, une espèce de courtoisie à l'égard de l'autre. Gaëlle l'explique sobrement : « *À chacun ses buts. Dans ma vie, la fidélité en est un. Je veux que notre amour soit beau, unique, et rien qu'à nous deux…* »

Pas la tête à ça

On peut aimer la compagnie des hommes et leur demander autre chose que de faire l'amour. Certaines femmes attendent d'eux qu'ils soient des copains, des confidents, des partenaires de rigolade, des pères, des maîtres, des camarades de bureau ou des admirateurs et rien d'autre. Ce n'est pas qu'elles n'aiment pas le sexe, c'est qu'elles n'y pensent pas au cœur de ces relations-là. Leur besoin de reconnaissance se situe ailleurs. Leur positionnement par rapport à eux, également. Fugitivement, elles peuvent se demander quel amant serait tel ou tel, mais elles reprennent aussitôt leur place de collègue ou d'amie.

Je ne pense jamais qu'on me drague…

Pourtant, certaines entretiennent des relations très intimes avec des hommes séduisants. C'est le cas de Flavia, 42 ans, d'origine italienne. Si parmi eux, elle n'a pas trouvé d'amant, c'est qu'elle cherche autre chose, mais quoi ? « *La reconnaissance intellectuelle. Je me suis mariée trop jeune pour terminer mes études. J'ai eu quatre enfants et je me suis longtemps sentie intellectuellement sous-développée. Il faut dire que mon mari, ingénieur, ne me tient pas en haute estime. Pour lui, une femme est faite pour être belle, se taire, faire la cuisine et des bébés. Il est très fier, dans les dîners, de ma ligne et de mes yeux bleus, mais pour le reste… Quel reste, d'ailleurs ? Pour mon mari comme pour mon père autrefois, une femme ne pense pas. C'est une potiche et une godiche. De ce fait, la seule chose qui m'intéresse est la reconnaissance intellectuelle. Je suis entourée de toute une cour. Ce sont des hommes intelligents et haut placés qui aiment ma conversation (si ce n'était pas le cas, je le sentirais. Je suis tellement sensible de ce côté-là). Ce que je leur demande ? De me trouver drôle, intelligente, cultivée. J'aime qu'ils s'intéressent à mon avis sur la politique, la litté-*

rature. J'aime qu'ils restent des heures à discuter et à rire avec moi. Je drague, mais exclusivement au-dessus de la ceinture. J'ai besoin d'être rassurée sur les compétences de ma cervelle, pas sur la beauté de mes fesses ».

Danièle, 38 ans, aimerait bien qu'on lui trouve de jolies fesses mais elle aime surtout qu'on la fasse rire. Aussi est-elle entourée d'une cohorte de copains avec lesquelles elle plaisante « *sans penser à mal* » précise-t-elle. Elle leur fait des compliments de toutes sortes, y compris sur leur physique. Bien qu'elle soit mariée (et amoureuse de son mari) certains finissent, en retour, par lui faire des avances. L'ingénue très « nature » n'y voit que du feu : « *Je ne pense jamais qu'on me drague...* » Elle raconte un voyage au Club Méditerranée avec sa vieille mère et son frère handicapé. Un GO vient s'asseoir à leur table. Elle lui dit, avec sa spontanéité coutumière, qu'elle le trouve beau, sympathique « *parce que c'était objectivement vrai* ». Lui, pensant qu'il a fait une conquête, l'invite à venir chercher de l'huile d'olive dans sa case. Danièle arrive. Ambiance tamisée, effluves d'encens… Le GO approche la main. Elle proteste : « *Je viens vraiment pour l'huile d'olive…* » et elle s'enfuit. Son commentaire : « *Une vraie gourde mais sincèrement, je n'avais pas vu venir le truc. Rétrospectivement, je me trouve débile : le présenter à ma mère, lui faire des compliments. Mais c'est tout à fait moi, je ne peux jamais croire que je plais…* »

Autre scène, elle va dîner un soir avec un collègue qu'elle trouve particulièrement amusant, donc séduisant. Il lui propose de venir prendre un dernier verre chez lui. Elle monte. Il l'entraîne dans sa chambre. Les draps sont défaits. Elle se gratte le crâne : mais pourquoi lui montre-t-il sa chambre à coucher ? Malgré le *« à coucher »*, elle ne percute pas. Un instant, elle se dit que ces draps défaits sont vraiment… très sexy. Le collègue s'est déjà beaucoup avancé. Il n'ose pas aller plus loin et attend d'elle un minuscule signe d'encouragement. Le geste ne vient pas. Le mot non plus. Elle retourne au salon. En bas de l'immeuble, il l'embrasse comme une invite au coin des lèvres. Mais l'occasion est passée, la magie rompue, le trouble évanoui. En montant dans son taxi, elle pense « *Quelle conne* ! *Oui, j'ai toujours été fidèle mais je n'irai pas jusqu'à m'en vanter. J'ai toujours un train de retard sur ma libido...* ».

Pas le goût à ça

Annoncez que le prochain sujet de votre livre concerne les femmes qui ont des amants et vous obtiendrez trois sortes de réactions. La première, des joues qui rougissent, des regards qui fuient, des femmes qui se dérobent. Hum ! Elles ont des choses à dire. Serait-ce un sujet brûlant, pour elles, en ce moment ? Deuxième réaction : les yeux qui s'allument, un petit rire entendu, suivi d'une certaine gêne montrant que le sujet est encore tabou. Troisième réaction : le jugement. « *Nous, Madame, nous sommes des femmes fidèles. Les amants, c'est bon pour les mal-baisées (sic !), les femmes qui se vengent ou celles qui n'aiment plus* ». L'avis est péremptoire et très extérieur, dans le genre : on ne mange pas de ce pain-là ! Autrement dit les femmes « *comblées (?)* » l'affirment : « *Il y a celles qui ont besoin de ça* (petite moue !) *et les autres...* »

Un homme, c'est déjà trop !

Et puis il y a Noëlle, mariée, trois enfants, heureuse en couple et en amitié. Elle est entourée d'une armada de copines qui, naturellement, racontent leur vie. Or leur vie au lit se résumerait, selon Noëlle, en une formule plus que triviale (qu'on nous le pardonne !) : « *Zut ! Ce soir, il va encore falloir passer à la casserole ; dommage qu'on ne puisse pas avoir ses règles tous les soirs !* » Pour ces femmes mariées (majoritaires selon notre « spécialiste ») l'amour physique serait une corvée. Prendre un amant ? Ce serait en redemander. Donc du masochisme car un seul homme, c'est déjà trop !

Ce point de vue pourrait passer pour partial donc partiel, s'il ne concordait avec le Rapport Hite (35 millions d'exemplaires vendus). Or celui-ci montrait que de nombreuses femmes n'aiment pas ou plus faire l'amour. Le principal frein à leur satisfaction ? L'obsession de l'orgasme. « *Il faut jouir !* », pour les femmes qui s'efforcent et s'appliquent et pour les hommes qui guettent la preuve donnée de leur savoir-faire. Pour ne pas faire de peine à l'homme de bonne volonté, l'épouse, déçue, simule et entre dans un engrenage. La croyant satisfaite, le mari ne change rien à ses habitudes. Il est même content d'avoir « *trouvé ce qu'elle aime* ».

C'est ainsi, selon Noëlle, que les femmes sont prises à leur propre jeu, qu'elles perdent le goût de l'amour et deviennent frigides et… monogames. Pas étonnant, dans ces conditions, que les hommes aient plus d'appétit sexuel que les femmes. Selon l'enquête de 1992 sur *Les nouveaux comportements sexuels des Français*, 25 % des hommes votent pour avoir des rapports sexuels « *au moins une fois par jour* ». Les femmes ne sont que… 14 %.

Les hommes ? Des « copines » comme les autres…

Mais comment savoir si les femmes « *n'ont pas le goût à ça avec leur conjoint* » ou si elles n'ont « *pas le goût à ça tout court* » ? Comment savoir si leur peu d'appétit sexuel est dû à leur inexpérience, à leur partenaire ou à une hyposexualité constitutionnelle qui serait commune à toutes les femmes ? Certains sexologues affirment en effet, que nous avons moins de désir sexuel que les hommes. Question de « nature » supposent-ils (en ne voyant passer dans leur cabinet que des femmes à problèmes ?). D'autres pensent que les femmes commencent à peine à découvrir la sexualité « *comme une dimension de l'être à épanouir* » et qu'elles ont tout à apprendre, de même que leur conjoint. Et puis d'autres encore, comme Laurence, 24 ans de mariage, avoue que le sexe n'intéresse ni elle ni son mari. Quand on l'interroge sur l'infidélité, elle rigole en pensant que de ce côté, son couple ne court aucun risque : « *Oh ! vous savez, je n'aime pas beaucoup les mecs. Je les vois tous comme de… bonnes copines. Je ne suis pas très portée sur la chose. Les gens qui aiment le sexe, c'est un peu comme les alcooliques, ils se reconnaissent entre eux. Pour être draguée, il faut le cher-*

cher. Or en matière de cul, je suis incompétente, débranchée et pas malheureuse de l'être, vu les dégâts que ça provoque... »

Voilà bien une femme qui ne trompera pas son homme. À moins que... On se souvient de l'émoi de Laurence (oui, oui, cette même Laurence se disant sans aucune libido !) racontant voici une dizaine d'années, qu'un kinésithérapeute, en la massant, s'émerveillait et même plus... de la trouver fort à son goût. Elle semblait troublée. L'aurait-elle oublié ? L'affaire est restée sans suite. Laurence revint à sa torpeur. Aurait-il suffi que le masseur transforme ses palpations en caresses ? Nous ne le saurons jamais... Mais on peut s'interroger : les femmes n'ayant pas *« le goût à ça »* seraient-elles des Belles au Bois Dormant du plaisir, ne demandant qu'à être éveillées, initiées et mises en appétit par un Prince Charmant ?

Trop compliqué

Certaines femmes ne diraient pas non, mais elles sont découragées à l'avance par les complications, les mensonges, la mémoire à très long terme qu'il faut mobiliser dans le « mentir-vrai ». Elles reculent à la seule idée d'aller dans un hôtel, de devoir déchirer les factures de cadeaux, les tickets de parking et les contraventions…

Du temps pour moi ? Pas à ce point-là !

Et où caser un amant dans son emploi du temps ? Les femmes cadres se débrouillent mieux que les ouvrières ou les employées à horaires fixes. Caissière dans un hypermarché, Lucie quitte son travail tous les jours à 17 h 30. Comment justifier qu'elle ne soit pas à la maison vingt minutes plus tard ? Et sous quel prétexte pourrait-elle demander à son homme (celui de tous les jours) de passer prendre les enfants à l'école. « *Je peux prendre un peu de temps pour moi, mais pas à ce point-là...* ».

Les 35 heures ont facilité les choses. Libéré le vendredi ou un autre jour, et ni vu ni connu, car seuls les maris jaloux décomptent les heures travaillées du total des jours ouvrés. Mais Odette, qui est dentiste, devrait rendre des comptes à son assistante et ses associés : « *Que dirais-je ? Que je suis en train de m'envoyer en l'air avec un client ? Mon travail est très sédentaire* ». Plus facile pour Guillemette, commerciale, de transformer un rendez-vous soi-disant professionnel, en rendez-vous galant. Ses enfants sont adolescents. Plus d'école, plus de quatre-heures, plus de devoirs du soir… « *Ils se gèrent tout seuls* ». Néanmoins, elle a déjà des scrupules : « *Abandonner son mari* » pour faire de la gym, dîner avec des copines, aller au cinéma : « *Prendre du temps pour moi, je veux bien, mais à ce point-là ?* »

Autre frein, le manque de confiance en sa capacité à mentir. Emma, 28 ans, est une jeune femme spontanée qui parle plus vite que son ombre. Spécialisée dans les gaffes en tout genre, elle est : « *étourdie, c'est dingue ! Je pourrais sortir dans la rue en chemise de nuit !* » De plus, son Jules est aussi méticuleux qu'elle est distraite : *« On dit réfrigérateur, pas Frigidaire c'est une marque ! Il est parfois tellement relou que j'irais bien voir ailleurs si la vie est plus cool* » commente Emma, *« mais telle que je me connais, le soir même j'aurais fait une gaffe en l'appelant "mon petit Marcel" quand il s'appelle François, à supposer que je rencontre un Marcel, ce qui m'étonnerait...* » Et ça y est, elle s'invente un Marcel avec un gros ventre, un maillot de corps, une moustache, un béret et une baguette sous le bras. Elle est lancée, partie dans son trip. Bonne idée chère Emma, de rester sage ! Elle se trahirait comme se trahissent les plus novices. Quelques histoires frappantes sont là pour décourager les tête-en-l'air qui n'ont aucun talent pour le double-je. Prenons la mésaventure de Sophie. Son mari lui envoie une histoire drôle par Internet. Aussitôt la généreuse (qui éclate de rire) veut la partager et... la répercuter sur son amant. Mais polie (et très amoureuse), elle envoie un mot doux d'accompagnement et clique sur *« envoi* » et met sa main devant sa bouche : « *Merde !* ». Trop tard, le tout arrive aussitôt... à l'amant et en copie au mari.

Plus classique, le mensonge en cascade qui tourne au grotesque en donnant l'impression à son destinataire qu'on le prend non seulement pour un cocu, mais pour un idiot.

Le mari :

- Tiens, tu connais Deauville, toi ? Et depuis quand ! Je croyais que tu n'avais jamais mis les pieds en Normandie.

Son épouse démasquée :

- C'était l'année dernière...

- L'année dernière ? Mais tu ne m'en as jamais parlé !

- En juin.

- En juin, quand t'es partie deux jours ? Je croyais que tu aidais ta mère à déménager... »

À ce point-là de la discussion, un conseil : simuler un malaise cardiaque pour sortir (peut-être) de cette cata...

Encore faut-il trouver…

Marine, 44 ans, kinésithérapeute, mariée depuis vingt ans, aimerait bien vivre une aventure avec un homme charmant qui lui glisserait à l'oreille tous ces mots que son mari ne connaît plus : « *Tu es tellement désirable ! Je t'aime, je te veux ! Bon Dieu, quel cul !* » Enfin tout ce qui ne renvoie pas à *« Maman, le dîner est prêt ?* » Mais… elle a fixé quelques limites à son terrain de chasse. La première, pas de clients. Elle ne veut pas « *tout mélanger* ». La seconde, pas de copains. Car, soit ce sont « *des vrais potes* » et pas question de gâcher cette amitié pour une « *histoire de fesses* », soit ce sont des maris de copines et *«je n'y touche pas, par principe ».* Restent le boulanger, le boucher… Encore faut-il les trouver à son goût.

Ces types, c'est pas mon type…

Marianne est ingénieur commercial dans une multinationale américaine. Elle est ronde, elle est blonde. Ses yeux, son sourire… tout en elle rayonne d'enthousiasme et de joie de vivre. Cette belle quadragénaire a une personnalité charismatique, un visage qui hypnotise, un grand talent de communication. Bref, elle est irrésistible et toujours entre la France et l'Amérique. Il n'y a pas mieux pour les rencontres. La dernière en date commençait bien. Le prétendant était son exact pendant : gai, sensuel, à peine grisonnant et formidablement beau dans le genre *« jeune senior à tomber ».* Naturellement, il flashe sur la belle Marianne. Plus que cela, il l'appelle, la courtise, l'invite à déjeuner, à dîner. À chaque fois, elle décline. La peur du qu'en-dira-t-on ? de ses clients ? de son mari ? Des scrupules ? Non, non, rien de tout cela. C'est qu'en fait, elle *« n'aime que les petits-gros* » à l'image de son mari que tout le monde appelle « *Gérard* » avec un J comme… Jugnot.

Que les messieurs qui lisent ce livre n'aient aucune illusion : la plupart des femmes préfèrent les Apollon, mais elles peuvent craquer pour un Jugnot et sa bonne bouille de type gentil. Sinon, sont écartés de manière radicale les machos qui ont une sale mentalité à l'égard des femmes. Marine cite volontiers cette phrase d'un film de Denis Arquant : « *Je déteste cet air condescendant que prennent les hommes qui vous ont fait jouir. Dans le regard de certains hommes, on est encore moins qu'une femme objet. On est un sexe méprisable, à violer et qui va aimer ça !* » Pour intéresser les femmes, il faut les aimer mais au sens le plus noble du terme, c'est-à-dire avoir de l'estime pour leur désir et vouloir leur plaisir. Donatienne n'a pas froid aux yeux. Son mari et elle forment un couple libre. Il lui est arrivé une fois d'aller à l'hôtel avec un homme qu'elle croyait adorable et de le planter-là, au beau milieu de la chambre « *parce qu'il me traitait comme une bonne femme, mise au service de son plaisir...* » Autres types d'hommes avec lesquels Marine ne couchera jamais ? « *Ceux que je sens lâches. Ceux qui font croire à des sentiments amoureux pour faire l'amour, parce qu'ils n'ont pas le courage d'assumer leur désir. Et puis les hommes narcissiques qui mesurent la longueur de leurs poils et la taille de leur pénis. Ceux avec lesquels on n'a rien à échanger au pied du lit…* »

Tu es un frère pour moi…

Mais comment se débarrasser des importuns ? Marie, à la fin de leur premier dîner en tête-à-tête amoureux, se contente de dire très sobrement : « *On en reste-là !* », une phrase passe-partout qui résonne comme une claque et les écarte définitivement. Néanmoins, comment s'y prendre avec les hommes adorables que l'on voudrait garder comme copains ? Marine a mis au point deux techniques infaillibles. La première consiste à parler de son mari et de ses enfants. À raconter, « *quitte à gaver* », à quel point ils forment une famille heureuse et unie. La seconde technique s'applique aux hommes-amis auxquels on tient comme à la prunelle de ses yeux (parfois, on y tient même tant que l'on recule devant le risque de la passion). À ceux-là, Marine dédie une formule sur mesure : « *Tu es un frère pour moi* ». Elle raconte : « *Philippe est mon grand ami. J'adore ce type. Il est petit, très brun, une grosse tête, pas très beau mais il est très drôle, très brillant, adorable. Je l'aime à un point tel que tout le monde, y compris mon mari, l'appelle "le mari de Marine". Un jour, il m'a coincée dans un couloir mais j'ai prononcé la phrase magique pour casser le truc. Il s'est reculé, un peu surpris. Puis il est retourné s'asseoir un peu dépité, comme désérotisé. C'est que j'aime bien sa femme. Et puis je n'ai pas envie d'emmerdements. Avec un inconnu, un type en passant je ne dis pas. Mais là, il faudrait être double, ambivalente, supporter d'avoir deux relations fortes en même temps. L'ambivalence, c'est bien tant que ça reste dans le fantasme. J'aime bien mieux avoir des petits frères...* »

Encore faut-il oser…

Georges Brassens chantait "*Les passantes*" en parlant des femmes qu'il avait désirées une fraction de seconde, le temps qu'elles s'évanouissent dans la nature. De même, nous croisons des « *passants* » que nous laissons filer. Il est si facile de louper une rencontre ! Et de ne pas oser ! « *J'étais dans un supermarché accroupie en train de comparer le prix des lessives mises en rayon, quand j'ai vu des chaussures bûcheron à côté de moi. Mon regard est monté du revers du pantalon à la veste de cowboy et... j'ai eu un choc : il était si grand, magnifique, des yeux de braise, une allure de mauvais garçon, des cheveux hirsutes pleins de gel. Un négligé très travaillé. Je suis certaine qu'en plus, il sentait le poivre, une eau de toilette.... Nos regards se sont croisés, comme on dit dans les films. Je suis allée payer à la caisse, en trébuchant comme une débutante. Puis, oubliant complètement que j'étais mariée, je me suis dit c'est trop bête ! J'ai abandonné mon caddie sur place. J'ai couru à sa recherche, mais le mauvais garçon avait disparu. Je l'ai toujours regretté...* »

Les petits détails qui tuent...

Courir après un homme, vous n'y pensez pas ! Oh si, on y pense mais avec de la colle sous les pieds. Et parfois pour des raisons qui sont d'une trivialité… La preuve, Edgar était beau, il était libre, il sentait bon le sable chaud. Marie était belle aussi. Et libre, exceptionnellement. Son mari était loin et ses enfants au club Mickey. Elle devait les reprendre à 18 heures. Il était 14 heures. Jusqu'ici, une aventure zéro défaut car Edgar-le-tombeur devait même avoir des préservatifs dans la poche arrière de son jean, moulant des fesses irrésistibles. Il commande deux coupes exotiques. Elle lèche le sucre sur le rebord de son verre. Des débuts torrides. Marie s'enflamme. Edgar a la fièvre et soudain, plus rien. Cassé le charme, tombée la fièvre !

Marie revient sur terre et à cause de, devinez quoi ? Une minuscule épingle de nourrice dorée fichée dans la bretelle de son soutien-gorge ! Un accident réparé en vitesse le matin, avant de partir. Et la honte de se sentir négligée comme une adolescente mal dans sa peau. Voilà, vous savez tout ! Pas comme Edgar, qui n'a rien compris. Cette histoire pour dire que les grands principes sont aussi efficaces pour faire baisser la fièvre amoureuse que les petits détails qui tuent : un slip usé, un soutien-gorge jauni, une odeur dont on n'est pas tout à fait sûre. Le pauvre Edgar est dans tous ses états : qu'a-t-il bien pu faire ou dire ? Si vous êtes comme lui, ne cherchez plus ! C'est une bretelle de soutien-gorge ou des règles trop en avance ou un nombril … « *affreux* ». Comme celui d'Anna qui n'osera jamais prendre un amant à cause de ce bourrelet disgracieux qui lui sort d'un ventre qu'elle juge trop rebondi et « *vergeturé* » depuis la naissance de son bébé.

Quand on la regarde, c'est une Juliette bonne pour Roméo. Quand elle parle d'elle, on la croirait Alien. Elle restera pure pour son mari. Un mari qui, selon elle : « *À l'immense mérite de la désirer telle qu'elle est* ». Comme quoi il faut s'aimer un minimum, pour s'offrir au regard et à l'amour d'un autre. Ou bien avoir confiance en lui. C'est-à-dire savoir et sentir que cet homme-là peut embellir par son regard ce qui en nous est le moins beau. Cette beauté intérieure consistant à voir le meilleur de chaque être est « LA » qualité qui fait fondre les femmes (les hommes aussi, d'ailleurs). Enfin, c'est la qualité qui les rend amoureuses. Le simple désir, lui, est moins exigeant. L'aura sexuelle suffit…

Mon fils me prend pour la Sainte Vierge…

Parfois les raisons de « *ne pas aller plus loin* » sont grosses comme des têtes d'épingle. Parfois, elles sont terrifiantes comme cette statue du Commandeur demandant des comptes à Don Juan sur le mal qu'il a fait. Ces statues du Commandeur ont le visage de nos parents, de nos enfants. Marie l'explique : « *Mon mari n'était jamais là. Je n'étais plus une femme... J'étouffais dans ma vie de maman seule mais je ne m'autorisais aucune infidélité. Ça ne se faisait pas ! Il faut dire que ma mère avait été veuve très jeune. Quand je lui demandais pourquoi elle ne s'était pas remariée, elle me répondait horrifiée : "Mais ma chérie, tu n'y penses pas. J'ai été la femme d'un seul homme" !* »

Officiellement, nous faisons ménage à deux. En fait, nous faisons ménage avec une foule de gens : nos parents, nos enfants, nos copines. Leurs diktats nous régentent. Leurs principes viennent renforcer ou tempérer les nôtres. Sophie, 43 ans, est laborantine. Toutes ses copines ont eu, ont, ou auront un amant. Les liens qui l'unissent à son mari se sont distendus depuis qu'il voyage tant. Elle se dit que l'aventure, c'est maintenant ou jamais, puisqu'elle atteint un âge canonique à ses yeux : 47 ans.

Elle décide donc de prendre du bon temps, se laisse inviter une, deux, trois fois par un patient séduisant et discret. À mots couverts, ils conviennent de passer la nuit ensemble, dans un hôtel chic de la Capitale. Invitation à dîner, mots doux, désir brûlant, les corps s'électrisent. Et là, que lui passe-t-il par la tête ? Sophie pense à son mari, à ses enfants. D'ailleurs, elle va lui montrer leur photo. Ils sont là tous les trois : Michel au meilleur de sa forme, en uniforme de policier (son métier explique ses absences répétées), Arthur, le petit dernier, 14 ans. Il vient de se casser une incisive ! Et Charlotte, 17 ans. Oui, elle a beaucoup d'acné...

Reconnaissons au patient séduisant et discret une bonne dose de sang-froid car, à ce stade, la plupart des hommes se seraient enfuis. Lui, pas. Devant la réception de l'hôtel, pas démonté, il bifurque vers les chambres et Sophie... vers la sortie. Ce qui la retient, au dernier moment ? Charlotte, sa fille, qui juge l'adultère (elles en ont déjà parlé) avec une intransigeance digne d'une grenouille de bénitier : « *J'ai cru l'entendre : "Les gens qui trompent sont des salauds, des dé-*

gueulasses, des menteurs, des lâches..." Ma fille est très agacée quand je fais du charme à un homme. Je suis toujours trop sexuée pour elle. Si je l'écoutais, je m'habillerais en bonne sœur. Quant à mon fils, je représente pour lui quelque chose comme la Vierge Marie. Il pense que j'ai fait l'amour deux fois, avec leur père naturellement et pour les concevoir. Un conseil à toutes les femmes tentées qui veulent rester sages : pensez à vos enfants ! »

Des fantasmes mais pas plus…

Que serait la sexualité sans les fantasmes ? Un désert, un néant si l'on croit les sexologues et les femmes elles-mêmes. Elles reconnaissent volontiers faire appel à ces petits rêves filmés, amoureux et sexuels, pour maintenir ou activer l'excitation. Et cela sans aucune culpabilité. Excepté pour quelques heureuses personnes affirmant que : « *Ce qu'elles sont en train de vivre suffit largement à les occuper* », les pensées dites autrefois « *impures* » sont nécessaires au plaisir. Mais de quoi sont-ils constitués ces fantasmes ?

Enfin une histoire à raconter !

Une histoire de douceur, de tendresse et d'amour. Le premier grand rêve des femmes et des hommes (c'est à souligner) est : *« Celui d'avoir des rapports sexuels avec des personnes douces et romantiques* » révèle la grande enquête de l'Inserm sur *Les Comportements sexuels en France.* À choisir entre le sexe et l'amour, les Français, hommes ou femmes, choisissent l'amour pour se donner de l'allant et pour s'inventer une vie valant la peine d'être vécue. Car les fantasmes servent à imaginer d'autres moments de sexualité mais à vivre aussi une autre vie. Chacun connaît l'histoire du monsieur célibataire un soir de solitude. D'abord, il se donne de la joie. Tout seul ! Puis il ouvre son réfrigérateur et attrape une bouteille de Perrier en s'écriant, joyeux : « *Et après l'amour, champagne !* » Les fantasmes sont les bulles de notre vie…

Cécile est employée dans la mairie d'une grande ville de banlieue parisienne et elle affirme que ses collègues en racontent beaucoup plus qu'elles n'en font. Un peu comme les collégiennes racontent qu'elles ont fait l'amour, bien avant d'avoir couché avec un garçon, les collègues inventent parfois un amant pour se rendre "*intéressantes*" et avoir toujours quelque chose à raconter : « ... "*Il a dit ça. Il a fait ça. Tu crois qu'il m'aime ? En les écoutant, je me sentais "vide de vie" sans histoire. Alors, j'ai commencé à flasher sur des hommes. Je rêvais que j'avais une aventure avec un commerçant, un passant. Un jour, je suis même montée en voiture avec un type et son petit garçon. J'en ai parlé pendant des mois. Il m'appelait. Il m'envoyait des e-mails. Je n'avais toujours pas d'amant (bien trop peureuse pour ça !), mais j'avais enfin quelque chose à raconter ...* »

Quelquefois, les fantasmes directement sexuels concernent le prestige de l'uniforme. Dans son livre *La politique de l'amour*, Alina Reyes décrit le pouvoir érotique des pompiers : « *Ils sont là, puissants, couillus. Affrontant noblement le danger et la peur...* » Il paraît que quelques femmes surchauffées font irruption dans des casernes à la recherche d'un pompier à aimer... Autre uniforme captivant, la soutane. Ah, défroquer un prêtre ! Faire craquer un saint ! Alicia se rappelle ses émois pendant les cours de catéchisme. Il l'entraînait à Bethléem, tandis qu'elle imaginait ce que ce jeune et beau prêtre cachait sous sa robe de bure. Quelle taille, quelle couleur pouvait avoir son mystère, un mystère du masculin, plus troublant que la Sainte Vierge. La « *chose* » se tendait-elle parfois ? Mais jusqu'où et de quel côté exactement ? Ces heures de supputations la laissaient rouge et fatiguée de se tortiller sur sa chaise. Elle en rit aujourd'hui : « *S'il savait ce brave prêtre, que toute ma sexualité vient de lui, il se confesserait jusqu'à sa dernière heure* ».

Impossible de faire l'inventaire de tous les fantasmes passant par la tête des femmes. Notons qu'elles rêvent de striptease (dévoilant une magnifique différence) et de mâles en rut. C'est l'impatience, la fébrilité qui les chavirent. Ah ! Rendre fou l'homme inaccessible et s'imaginer dans ses bras belle, chaude, sexy, nantie d'un corps de rêve. Faute de s'entendre dire qu'elles sont irrésistibles, les femmes s'inventent en pensées, des désirs et des hommes qui le leur prouvent ardemment...

Le fantasme, en attendant plus ?

Ainsi, on peut fantasmer sur du vécu ou sur du… possible. Sept ans après avoir fait l'amour avec son cousin, Célia 35 ans, en rêve encore. Son mari la néglige. Sa vie la déprime. Elle ne peut, ni ne veut divorcer. Elle n'a pas de biens, pas d'emploi. Ses deux filles adorent leur père. Elle est prisonnière d'un mariage décevant. Heureusement, ce souvenir la tient. Elle pourrait rappeler ou revoir cet amant d'une fois… Mais non ! Il est trop dangereux, trop instable. En revanche, l'idée de lui est inoffensive. Alors, elle caresse son souvenir et plus… en se félicitant tous les jours que ce fantasme lui apporte : « *Un peu de joie de vivre dans cette existence de m… qui est la mienne* ». Il lui permet, pense-t-elle : « *De rester, en amour, féminine et vivante…* »

Même raisonnement gai-amer chez Annabelle, une femme souriante de 52 ans : *« J'aime un homme qui n'en sait rien. C'est tellement mieux ainsi, tellement moins moche et frustrant qu'un adultère. Mon mariage est un désastre. L'amour virtuel me tient en vie. Sans ce rêve de partir un jour, de quitter mon mari, je deviendrais grosse, paresseuse, abattue. Au lieu de quoi, regardez-moi ! Je reste belle pour mon patr.. enfin pour que l'homme que j'aime m'apprécie. Son regard flatteur me suffit largement. Tout ce qui va plus loin, c'est de la graine d'emmerdement, tandis que virtuellement, ce rêve d'amour est un antidépresseur sans danger. Quand on en reste à l'imaginaire, on ne peut pas être déçue comme on l'est, inévitablement, dans une relation vraie. ».*

Alicia, elle, n'était pas déçue par son mari, mais presque abandonnée. Il était des mois parfois sans rentrer à la maison. Alors, elle s'est mise à flasher sur son coiffeur : « *Parce qu'un coiffeur exerce un métier dans lequel on rentre à la maison tous les soirs. En plus, c'était un type magnifique, intelligent, délicieux. Beau, il l'était dans tous les sens du terme. Il m'avait passé la main dans le cou et croisée à la piscine. Son regard disait que je ne lui déplaisais pas. Bref, pendant que mon mari était en train de devenir un grand homme loin de sa femme et de ses enfants, je rêvais que ce beau jeune homme m'emmenait au septième ciel, avec art et douceur. Comme je ne passais pas à l'acte, je m'autorisais à tout imaginer. C'était l'idéal parce je voulais me réserver pour mon mari. Il aurait été trop dur de le tromper. Je n'avais que huit ans de mariage. Et deux enfants de 4 et 6 ans. J'avais peur de tomber amoureuse de l'autre homme. Et que deviendraient les enfants si je quittais leur père ? J'aimais mon mari mais je fantasmais sur l'autre. J'étais bien incapable de faire les premiers pas, mais je n'arrêtais pas de penser : Mon Dieu, s'il pouvait sonner !* »

S'en tenir au fantasme paraît moins risqué car : *« Tant qu'on est fidèle, l'adultère a quelque chose de terrifiant. C'est un continent noir nourri par toute une littérature et quantité d'histoires racontées autour de soi. Comme si l'infidélité (des femmes en tout cas) entraînait forcément des catastrophes, des choses incontrôlables... »* observe Alicia. Mais de plus en plus, se cantonner au fantasme a mauvaise presse. *« Je ne fréquente plus que des femmes infidèles. Les autres m'emmerdent. La fidélité ? Si c'est pour passer à côté de sa vie... »* En ces temps où la réalisation de soi devient une valeur, il faut aller au bout de ses désirs, passer à l'acte et au lit, si possible. *« Sinon on fait pauvre fille, un peu lâche, un peu coincée et différente des autres puisque toutes les copines ont des amants (vrais ou faux) »*. Pour leur défense, celles qui persistent et signent pour le fantasme, mais pas plus… ne sont pas loin de penser comme Georges Bernard Shaw : *« Il y a deux catastrophes dans l'existence : la première, c'est quand nos désirs ne sont pas satisfaits et la deuxième, c'est quand ils le sont »*. Et pourtant non, le fantasme qui en reste là n'est pas vécu comme une prudence, un repli, une lâcheté. Mais plutôt comme une chance, dont il faut entretenir la flamme, en attendant mieux.

Et pourtant, plaire est délicieux !

« Je connais des tas de couples qui n'ont plus aucun rapport sexuel depuis un, deux, parfois dix ans. Ils vivent ensemble un compagnonnage plus ou moins agréable. On les reconnaît au fait qu'ils se laissent aller du côté de cette séduction-là. On ne sent plus aucune étincelle. Ce sont des femmes fatiguées, résignées : jamais de décolleté, pas de maquillage, le coiffeur rarement, des robes sac ou des jeans, l'épilation juste avant d'aller à la plage. Cet aspect de leur vie est fini. Ne plaisant plus, elles laissent mourir leur féminité. Elles sont fatiguées à 48 ans », observe Isabelle une pimpante quinquagénaire. *« La différence est incroyable entre celles qui continuent à se sentir séduisantes et les autres qui s'arrondissent de corps et se dessèchent de cœur ».*

Adeline a 70 ans et elle regrette ce temps où les hommes la complimentaient : *« C'est ce qui me manque le plus dans la jeunesse. Pour les hommes, je suis une sorte de "nobod" comme dit mon petit-fils. Je suis « personne ». Comme si j'étais transparente ! Si je pouvais retourner en arrière, je crois que j'aimerais retrouver cela en priorité : le regard intéressé des hommes sur moi... ».* Adeline sera-t-elle rassurée de savoir que son regard est aussi vital pour eux. Dans son livre *La cause des hommes*, Martine Lagardette cite Donatien : *« Je redoute le moment où je ne plairai plus aux femmes, où elles ne me regarderont plus. Je ressens ce moment comme une déchéance. Ce sera une mort à petit feu. Le sexe, les femmes, c'est la vigueur, la vie ».*

Idéal, le rapport de charme ?

Le seul moyen pour rester dans la course de la séduction, quel que soit son âge ? Il faut y croire ! Isabelle est une femme fidèle. Elle aime son mari passionnément. Pourtant, elle accepte volontiers qu'on la courtise. Elle adore avoir ce qu'elle appelle « *des amoureux* ». L'un a tout pour lui plaire, excepté l'écart d'âge. Avec lui, elle passe des heures à discuter de tout. « *Il me fait la cour et j'adore ça, il est si valorisant de plaire. On se téléphone tous les jours. Quand il me voit, il me dit à quel point je suis belle, charmante, intelligente... Mon mari me le dit aussi, mais qui se lasserait des compliments ?* »

Cette femme, à 58 ans, est l'antithèse de ses copines « *rangées des voitures* ». Sexy, piquante, séduisante... elle veut rester dans la course, sensuellement parlant. Son mari n'aime pas danser. Elle adore. Récemment au cours d'un mariage conventionnel, elle a vécu un échange un peu chaud. Elle l'évoque avec émotion. « *On a dansé un rock puis un slow. Il avait une trique d'enfer mais nous n'étions que tous les deux sur la piste. Impossible d'arrêter de danser. Il était gêné. Il s'excusait. Je rigolais en lui disant à quel point j'étais ravie, flattée, bien que mon mari, le monsieur là-bas avec la cravate jaune... Quand il m'arrive d'être draguée, je le prends avec bonne humeur. C'est un hommage que les hommes me rendent. Une manière de me dire que je suis toujours cotée sur le marché, encore dans la vie, puisque le sexe fait partie de la vie, comme boire ou manger. Et puis l'on se dit que si son couple cassait, on retrouverait quelqu'un d'autre. Plaire n'apporte que du bien.* »

Isabelle plaide pour les « *rapports de charme* ». Pas question d'entorse au contrat. Si les hommes insistent, elle répond qu'elle est mariée (un argument qui refroidit de moins en moins, paraît-il). S'ils insistent encore, elle ajoute qu'elle a un mari très jaloux, un amant, trois enfants, quatre petits-enfants, un chat, un patron, « *le chapeau est complet, repassez dans dix ans* ». Mais beaucoup d'hommes sont ravis de s'en tenir à cette amitié amoureuse qui « *fait tant de bien, sans avoir rien à se reprocher* ».

Longtemps Karine, une jolie femme de 37 ans, que son mari (dépressif) n'a pas touchée depuis longtemps, a repoussé les compliments parce qu'elle se sentait « *trop vulnérable* ».

Quand un homme séduisant commençait ses travaux d'approche, « *Je coupais court, l'air de dire je suis honnête moi Môssieur, je ne mange pas de ce pain-là. Un puis un jour, le clochard qui dort au coin de ma rue, m'a dit que j'étais "drôlement belle, la mignonne. Ce soir encore plus belle que d'habitude, vraiment belle comme une étoile..." Dans la rue, je me suis mise à pleurer comme une gosse. C'était la première fois en sept ans, qu'un homme m'appréciait et c'était un vieil homme aussi misérable que moi. Ne plus plaire à personne, je ne connais rien de plus triste...* »

Camille Laurens dans son livre intitulé *Dans ces bras-là* rapporte : « *J'ai toujours eu du mal à rester longtemps en tête-à-tête avec quelqu'un pour qui je n'ai aucun désir et qui n'en a pas pour moi : femme, homosexuel ou un homme qui ne sort pas de sa fonction, de son rôle social ou professionnel, qui vous parle d'un lieu extérieur à son propre corps et étranger au vôtre... Je veux être pour l'autre la terre inconnue, celle qu'il rêve d'explorer ou au moins, de découvrir un peu. J'aime les explorateurs, les hommes curieux des femmes et de cette part d'eux-mêmes qui gît en l'autre, opaque, obscure, désirable. J'aime les hommes qui ont envie de me connaître, tous les hommes sont pris mais chez quelques-uns il y a du jeu...* » Plaire donne confiance en soi. Plaire rend joyeuse. Plaire fait que l'on se sent intéressante et aimable.

Le sexologue Willy Pasini, dans son livre *Les nouveaux comportements sexuels*, l'écrit justement : « *L'estime de soi des femmes passe par leur charme* »... D'où ce besoin de séduction, de compliments, de préliminaires caressants et flatteurs. Aller plus loin ? Pour certaines femme, comme Isabelle, il n'en est pas question. À moins que, peu à peu, les mailles de leurs fidèles résolutions ne commencent à se relâcher : « *Quand je me suis mariée, je croyais que c'était pour la vie, que je lui serais fidèle à jamais. Quand un mec me plaisait quarante-deux secondes, j'avais un réflexe. Je me répétais : fidèle ! fidèle ! comme une injonction. Avec cet état d'esprit, on a des œillères.*

On peut même s'indigner qu'un type s'approche et nous regarde avec intérêt : « Quel sale dragueur ! » Et puis il arrive un jour où ce n'est plus le même bonheur, sans que ce soit vraiment fini. On aime toujours, mais l'aventure devient possible. On se sent disponible pour autre chose... » Que se passe-t-il alors, en soi, dans sa vie, dans son couple ? Pourquoi cette envie de craquer ? Est-ce grave, docteur ? Et pourquoi dans ces bras-là, et pourquoi maintenant ? Autant de questions auxquelles les femmes, prises dans le délicieux tourbillon de la tentation, ne répondent pas tout de suite. Le vivre d'abord, penser ensuite...

DEUXIÈME PARTIE

LES RAISONS QUI FONT CRAQUER

La lecture de cette partie pourrait faire croire que toutes les femmes sont infidèles, puisque l'expression *« les femmes »* revient souvent. Évidemment, elle signifie « *les femmes qui ont des amants* »... Ceci pour apaiser celles et ceux qui finiraient par croire que tout le monde trompe tout le monde et que « *Le monde, quand il n'est pas une immense boucherie, est un immense bordel* », pour reprendre la phrase du philosophe Michel Onfray. Aucun doute, la fidélité est plus répandue que le contraire. De nombreuses femmes aiment leur mari. Elles n'imaginent pas pouvoir le tromper. Elles n'imaginent même pas que l'on puisse être infidèle...

Un jour pourtant, certaines craquent. Que leur arrive-t-il pour qu'elles osent casser un tabou, braver l'interdit, faire exactement le contraire de ce qu'elles pensent et de ce qu'elles sont ? Que leur arrive-t-il pour qu'elles prennent le risque de bouleverser leur vie, de briser leur famille, de faire de la peine à tous ceux qu'elles aiment ? Les censeurs se demandent si l'infidélité n'est pas une affaire de tempérament. Une question de libido plus exigeante, d'hormones plus stimulantes à certains âges de la vie. Serions-nous des « *bêtes* » ? Ou des traîtresses adorant trahir et pratiquer le double-je ?

En fait, les raisons qui font craquer sont multiples. Il y a la rencontre lumineuse, le Prince Charmant fait homme : « *Zut ! je me suis trompée d'histoire* ». Les affaires de vengeance. Un mari trompeur devient parfois, souvent (?), un mari trompé. Est-ce une bonne idée ? Intervient aussi le plaisir de la transgression. Avoir un amant, c'est faire les quatre cents coups, retomber en adolescence, pouffer de rire en se repoudrant le nez, sortir de ses rôles si sérieux d'épouse, de mère trop responsable et trop respectée. Comme disait le mafieux Robert de Niro à son psy, dans Mafia Blues : « *Je ne peux pas faire ça (sous-entendu des fantaisies érotiques) à la femme qui embrasse mes enfants tous les soirs...* » Les épouses s'ennuieraient-elles dans le lit conjugal ? A qui clamer : « *je ne suis pas qu'une maman ?* » Ah ! Redevenir une femme jeune, vivante, rigolote et… sexy dans les bras d'un amant-copain qui fait rire, enfin ! Restent les fragiles qui redoutent, pour les avoir connues de près, la séparation, la fin, la mort, l'abandon. Elles noient leurs peurs, leur déprime dans un surcroît de vie, de désir, de plaisir. Un mot encore de cette catégorie à part, les libertines. Elles n'ont jamais renoncé, même au début de leur mariage, à goûter une autre odeur, une autre peau, une autre manière de penser et de faire l'amour…

La faute aux hormones ?

Oubliant son habituelle rigueur scientifique, le grand Darwin se serait-il trompé en affirmant que les femmes sont naturellement « *réservées et monogames* » et les hommes « *avides et polygames* »… Une affirmation que des études plus récentes jugent à la fois naïve, sexiste et … mal observée. Car l'étude comparée des animaux et des humains révèle que l'infidélité du genre féminin est non seulement bien plus répandue qu'on le dit, mais, qu'en outre, elle présente certains avantages pour l'espèce. Ainsi, la fécondité extraconjugale serait plus forte en raison d'une bien meilleure qualité de l'orgasme adultère…

Un mari n'est pas plus attirant que les autres hommes

Pourquoi croyez-vous que votre mari se mette à vous offrir des fleurs ? Uniquement pour vous empêcher de courir le guilledou, révèle une étude réalisée à l'université d'Albuquerque au Nouveau-Mexique. Il redouble d'attentions parce que vous êtes en période féconde. Et, de ce fait, très tentée d'aller voir ailleurs. À moins bien sûr qu'il ne sache vous retenir. Questionnaires et tests hormonaux conjugués l'ont en effet montré : les femmes, quand elles sont fertiles, fantasment sur d'autres hommes que le leur. Et si les fleurs, la cour, les câlins ne redoublent pas, gare à lui ! Le désir se moque alors des contrats, des serments. L'homme légitime n'est pas plus attirant que les autres. D'où les efforts qu'il doit fournir pour cantonner sa femme aux ébats conjugaux.

Voilà qui porte un sérieux coup à cette croyance selon laquelle les femmes sont moins attirées que les hommes par la nouveauté sexuelle. Des sociologues enquêtant dans les discothèques ont constaté que les femmes avaient tendance à exposer plus de peau que d'habitude, à s'habiller plus sexy en période féconde. Un travail sur les femmes du désert allait dans le même sens en montrant que la libido féminine augmentait sensiblement. Et que cette hausse profitait aussi bien au mari qu'aux amants. Voilà pourquoi, malgré la répression masculine, malgré les menaces de lapidation et de répudiation, la propension des femmes à une « *infidélité cyclique* », ne saurait disparaître…

Ces pulsions infidèles seraient communes à toutes nos cousines primates et anthropoïdes. *« Lors de ces périodes, les femelles babouins ou langurs n'hésitent pas : dès que le dominant a le dos tourné, elles s'accouplent avec de jeunes mâles »* constate une anthropologue américaine interrogée par *Sciences et Avenir*. Elle conclut son enquête sur les femelles infidèles par cette constatation : *« Les sociobiologistes décrivent aujourd'hui les femelles* (humaines ou non) *comme des créatures hautement variables, parfois monoandres* (avec un seul homme) *souvent polyandres* (avec plusieurs) ».

Infidèles pour le bien de l'espèce

On découvre, aujourd'hui, non seulement que les femelles peuvent être polyandres au même titre que les hommes polygames, mais qu'elles sont aussi sexuellement actives. Lors de la saison des amours, les femelles antilopes, par exemple, font leur choix et se battent pour obtenir les faveurs des meilleurs géniteurs. Jusque-là, on pensait que ce type de compétition sexuelle était réservée aux mâles… Le fait d'être enceinte, ne change rien au désir. Elles seraient polyandres, surtout quand elles vivent en harem, pour augmenter leur chance d'être fécondées, éviter une certaine consanguinité, fournir à leur petit une certaine « *assurance-vie* » et leur donner une meilleure santé, les descendants adultérins étant de « *meilleure qualité* ».

Certes, les femmes ne sont pas des femelles. Le Dr Ghislaine Paris, sexologue, tempère les ardeurs du « tout hormonal » : *« Je me méfie des hormones. Elles seraient un composant indice 1 sur notre échelle de Richter. Nous sommes loin d'être des animaux hormonaux… »* Notre esprit, nos sentiments, notre environnement familial, social, culturel s'emploient à modeler les pulsions. Cette idée d'infidélités cycliques en période féconde est contredite par toutes ces quinquagénaires en pleine forme sexuelle qui hésitent, bien moins que leurs cadettes, semble-t-il, à tromper leur mari. Néanmoins, la remise en cause de cette croyance : les mâles sont faits pour coucher à droite et à gauche et les femelles pour rester sagement à la maison, peut déboucher sur l'idée – sans doute plus juste – que les humains, hommes et femmes, ont des désirs et des appétits sexuels variés. Il existe certainement des femmes – et des hommes – réservés et fidèles. Tout comme il existe des hommes – et des femmes – avides et infidèles. Le Dr Boris Cyrulnik, éthologue et psychiatre, affirme qu'il existe dans l'espèce humaine deux tempéraments amoureux, *« les explorateurs »* qui aiment le changement et *« les pantouflards »* qui se sentent bien dans les bras d'un partenaire unique. Ils se répartissent entre 60 et 40 % et sont aussi nombreux chez les hommes que chez les femmes. Reste à savoir qui on est et avec qui on vit.

Le tournant de la quarantaine…

Oui, la femme de quarante ans serait, sur le plan hormonal, au meilleur de sa forme sexuelle. À partir de cet âge, elle produirait plus de testostérone, plus d'hormones mâles. En activant les circuits cérébraux du désir, celles-ci provoqueraient une envie plus impérieuse de faire l'amour… Et un plaisir plus grand car le système veineux s'étend et se complexifie dans la région génitale, entraînant plus de plaisir et de sensations. Il faut aussi compter avec le niveau d'ocytocines. Plus les femmes font le plein de cette hormone dite « *de la fidélité* », plus elles ont tendance à se contenter d'un seul homme et à materner leurs enfants avec art. Des souris volages et peu maternelles auxquelles on en a injecté seraient devenues sages et aimantes. Or, plus les femmes avancent en âge plus le taux d'ocytocines diminue, une baisse favorable à la dispersion amoureuse…

Le savoir-faire de l'expérience

Mais il existe bien d'autres raisons pour que la quarantaine soit le plus bel âge de la vie amoureuse et sexuelle. A mi-parcours, les femmes n'ont-elles pas appris à connaître leur corps, leur désir, leur plaisir ? Elles ont mis du temps pour y parvenir, mais elles savent désormais comment s'y prendre pour jouir et aimer. À cinquante ans, Carmen, qui ne cache aucune de ses rides, aucune de ses rondeurs, est très sûre d'elle-même. Car elle estime « *être un cadeau* » pour les hommes. Certes, elle n'a plus la ligne de ses vingt ans « *mais, avec les années, j'ai appris à aimer. Les hommes sont heureux dans mes bras. Je sais me gorger d'une peau, enfouir mon nez dans le cou, les aisselles, caresser, m'imprégner, adorer et danser corps à corps, comme une partenaire réactive. Je n'ai pas peur de dire que je suis devenue la sensualité, l'amour même. Mais que de temps il m'a fallu pour en arriver-là !* »

Les femmes de quarante ans savent bien qu'elles sont de meilleures amoureuses qu'à vingt ans. Quand elles se souviennent de leurs complexes, de cette inexpérience qui les rendait gauches et passives, elles n'envient rien aux jeunes filles. Cette certitude d'être « *bonnes au lit* » donne un certain aplomb pour entreprendre les hommes. Et plus de goût pour la chose car elles connaissent désormais sur le bout des doigts, le chemin de leur plaisir. Elles osent demander ce qu'elles aiment. Elles osent prononcer les mots qui augmentent leur propre excitation et celle de leur partenaire. Et activer les fantasmes qui les mènent à l'orgasme.

... et un culot de nonne

À moins qu'elles ne se sentent, au contraire, très inexpérimentées pour leur âge. Jeanne s'est mariée à 20 ans. Elle en a 38. Elle se dit d'une fidélité « *sans gloire* » et « *sexuellement coincée* » : « *Que voulez-vous, je ne connais rien au sexe, je suis une femme mariée...* » dit-elle en répétant la phrase d'un humoriste. À force de découvrir une nouvelle ride chaque matin et d'entendre ses copines évoquer leurs amants, elle décide de sauter le pas et... un chauffeur de bus. Il était très mignon et « *assez bête, ce sont des choses qui arrivent* ». Comme elle l'entreprenait, le ravissant idiot pensa qu'elle pouvait répondre à cette question basique : « *Vaginale ou clitoridienne ?* » Sans voir qu'elle bredouillait, il a commencé à la caresser puis à la renverser, attendant un... 69. « *Je n'avais jamais fait de fellation de ma vie, pas plus qu'on ne m'avait fait de cunnilingus. Lui pensait : comme elle m'a branché, elle a de l'expérience. Et il s'est retrouvé face à une vieille petite fille qui n'y connaissait rien. Il a été un peu dérouté et déçu mais adorable. Il m'a fait l'amour très tendrement. J'ai trouvé ça exquis. Je l'ai revu deux fois par politesse et j'en suis là...* »

Quarante ans, c'est le moment de vivre, de jouir ou jamais. Toutes les conditions sont favorables. Débarrassées des obligations familiales les plus prenantes (les enfants sont grands), les femmes sont plus disponibles, prêtes à « *prendre du temps pour soi* ». Professionnellement, la plupart sont autonomes. Elles gagnent suffisamment leur vie pour s'assumer seules en cas de divorce. Leur couple a vieilli. Elles ne sont plus aussi amoureuses. Plus aussi inquiètes à l'idée de perdre *« leur moitié »*. Beaucoup se sentent assez fortes sur le plan personnel et assez faibles sur le plan conjugal pour mettre en jeu cette union qui parfois les a déçues. De plus, les quadragénaires – pourvu qu'elles prennent soin d'elles – sont très sollicitées par les jeunes hommes qui les savent douces, aimantes et indulgentes. Et par les moins jeunes, surtout quand ils sont eux-mêmes mariés, car elles font des maîtresses peu envahissantes, sachant se taire et attendre. Un dragueur-né précise avec une certaine goujaterie : « *Elles savent se contenter d'un treize à quinze sans déjeuner. Les femmes mariées sont pragmatiques et discrètes. Si ça se passe bien, la célibataire veut que la relation évolue. Elle finit toujours par plaquer ou prendre la tête ou provoquer des emmerdes. Quant aux quadragénaires, elles sont moins narcissiques que les gamines, tellement agaçantes avec leurs références de midinettes au fameux Prince Charmant* ».

Les femmes plus mûres ont donc moins de peurs, plus d'assurance, plus de temps et d'occasions aussi. Toutes ces conditions étant réunies, certaines décident d'en profiter *«avant d'être vieilles »*. Elles seraient d'accord avec Victor Hugo observant que : « *Le plus grave n'est pas de mourir mais de ne pas avoir vécu* ». Il y a urgence à s'éclater. Aussi voit-on quelques quadragénaires radieuses débarquer avec leurs copines, dans ces villages de vacances où les hommes « *sont là pour ça* ». Et déclarer joyeusement, avec l'humour et le recul caractéristiques des bonnes vivantes de cette génération : *« Vite un homme : je n'ai plus une nuit à perdre ! »*

Ma mère,
modèle ou contre-modèle

Ah ! La sexualité de nos mères ! Comme nous la pressentons, comme elle nous détermine parfois. Françoise, 47 ans, voulait que sa sensualité soit saine, bien centrée, à sa place. C'est avec courage qu'elle évoque le dégoût que sa mère lui inspirait : « *Je la voyais comme une femme soumise, grosse, difforme, ne pensant qu'à manger. Je sentais bien qu'elle avait une sensualité débordante mais insatisfaite. Sexuellement, je savais qu'elle était frustrée. Elle avait des positions de corps qui la trahissaient. Elle était à la fois pudique et pas du tout. Elle s'asseyait les jambes écartées par exemple. Je ne me disais pas qu'elle était "vulgaire". Je pensais qu'elle avait une très forte sensualité mais une sensualité qui n'était pas belle, pas saine, reportée sur la nourriture et qui suintait par tous les pores de sa peau. Je me suis promis que moi, j'aurai une vraie sexualité vécue, assumée, épanouie et bien située, à sa vraie place. Je me suis dit quelque chose du genre, "c'est là que ça se passe". Dès que j'ai pu, j'ai flirté et fait l'amour sans jamais refouler le désir que j'éprouvais pour un homme, que ce soit mon mari ou un autre...* ».

Surtout pas sa vie !

Quand le corps d'une mère devient criant de frustrations, quand il exprime de travers tout ce qu'il doit refouler de désirs et d'amour, les filles peuvent faire parler leur propre corps, leur propre sexe pour ne pas entendre le sien. Françoise s'est étourdie d'amants. De même, Catherine qui se demande si elle n'a pas été infidèle pour vivre la vie rêvée de maman : « *Mon père avait de gros problèmes avec les femmes. Il les méprisait, les détestait, les trouvait bêtes et repoussantes. Mes parents s'ennuyaient ensemble. Ils se sentaient obligés de continuer. Il le fallait mais entre eux tout était poussif. On savait quand ils faisaient l'amour et comment cela se passait. C'était rapide et moche. Respectueux mais nul. Je me souviens que mon père glissait un linge sur le matelas pour ne pas le tacher. Je trouvais cette précaution épouvantable. Pour moi, si on tachait, on tachait : ce n'était pas sale l'amour !* » Peut-être Catherine a-t-elle laissé des traces de sa sexualité dans toutes sortes de lieux pour prouver à sa maman, et à elle-même, que le corps des femmes pouvait plaire. Et que des hommes adoraient s'y enfouir, sans faire les dégoûtés et même avec délice.

Est-ce en regardant vivre leur mère que les filles décident qu'elles seront fidèles, ou pas ? En partie, oui ! Annick est une femme séduisante, très drôle. Elle a 34 ans, des soupirants, un mari, deux fils et des tas d'occasions de tromper son homme : elle est commerciale, souvent en déplacement… Elle n'en profite jamais. Pourquoi ? « *Je suis comme aveugle* ». Encore, une affaire de maman. La sienne était une jolie femme assez coquette. Dès qu'un homme apparaissait, elle lâchait tout le reste. Annick voyait sa mère retoucher sa coiffure, mouiller ses sourcils, celui de gauche celui de droite, bomber la poitrine, ajuster son « *corsage* »… La petite fille détestait cette volte-face. Elle la jugeait dégradante et indigne de sa mère qui commençait à minauder. Toute petite, Annick avait opté pour le naturel : jamais elle ne ferait quoi que ce soit pour plaire à quiconque. Mieux, elle n'entrerait dans aucun rapport de séduction, ne verrait rien, n'entendrait rien : « *Maman me semblait si dépendante du regard des hommes. Je ne voulais pas avoir cette faiblesse. Ni risquer de me ridiculiser pour attirer leur attention. Son côté chatte m'énervait et me faisait beaucoup de peine ...* »

Mais les filles mûrissent. Leur vision change et, par contrecoup leur parcours amoureux. Françoise a cessé d'être une Don Juane quand elle a compris qu'elle trompait ses maris pour faire plaisir à… sa maman qui aurait tant aimé être à sa place : « *Un jour, j'ai réalisé l'évidence. À chaque fois que je faisais souffrir un mec, légitime ou pas, elle se frottait les mains. Je la vengeais de toutes les misères que mon père lui avait fait subir ! J'ai décidé de reprendre mes billes et de vivre pour moi, plus calmement. Je n'avais plus rien à prouver, plus rien à donner...* » L'ombre de Maman avait fini de peser sur son lit.

Le parti pris d'une libertine…

Quel âge pouvait-elle avoir ? Quelque chose comme cinq ans. Elle passait ses vacances en famille dans les Vosges quand elle a commencé à se caresser doucement à côté de sa grande sœur qui s'est brusquement levée de sa chaise, très fâchée : *« Mais tu n'as pas le droit de faire ça, c'est vraiment dégoûtant, si papa te surprend tu vas voir ce que tu vas prendre. T'es vicieuse ou quoi ? »* Anna a eu une drôle de réaction que racontent beaucoup de femmes très sensuelles. Toutes, un jour ou l'autre dans leur enfance, ont été surprises dans les mêmes circonstances. Anna donc, ne s'est pas du tout sentie coupable. Elle a simplement pensé qu'elle était différente de sa grande sœur. Que celle-ci était complètement à côté de la plaque. Qu'elle passait à côté d'un plaisir immense et délicieux auquel elle ne comprenait rien du tout.

Toute petite, j'ai décidé de vivre ça !

« Dès ce moment, je me suis dit que je ne me laisserais pas limiter et culpabiliser sur ce plan-là. C'est assez étrange parce que j'ai facilement mauvaise conscience et pour tout, mais pas quand il s'agit de vivre ma sensualité, ma sexualité. Car pour moi, c'est l'essence même de la vie. Dès toute petite, il a été hors de question que j'y renonce. Autant mourir ! J'ai pris la décision de vivre jusqu'au bout toutes les belles rencontres qui se présenteraient. Comme on prend la décision de vivre et de se battre pour y arriver… » Dès l'âge de 9 ans, Anna a commencé à s'acheter des journaux qui racontaient des histoires d'amour un peu coquines. Il y avait en particulier des bandes dessinées montrant des gens qui s'embrassaient. *« Je les regardais avec passion en pensant : "vite, vite ! Que je connaisse cela". J'étais dans une telle impatience ! Je me disais que quand j'embrasserais, je caresserais en même temps. »*

Dès l'âge de quatorze ans, elle allait dans les boums et au cinéma pour flirter. Là, elle rencontrait des garçons qu'elle ne connaissait pas. À qui elle n'avait rien à dire, qu'elle revoyait ou pas mais qu'elle embrassait à pleine bouche « *et en caressant en même temps* ». « *J'avais beaucoup de libido et déjà le goût de l'aventure sensuelle. L'envie d'être moi, de tous mes sens, avec toutes mes sensations. J'adorais flirter dans les salles obscures, le frisson de l'interdit. Mais attention, ce n'était jamais moche. Je savourais seulement chaque minute de cette montée du désir, ces sensations très fortes, d'autant plus fortes qu'on ne connaît pas la personne. En ce cas, l'attention et les sensations redoublent. Elles sont décuplées par la nouveauté...* » Et puis un jour, sans faire l'amour parce qu'elle est encore vierge, elle a une première expérience sexuelle étourdissante. Le garçon qui la chavire a une sensualité d'une puissance qui l'étourdit. Elle adore son contact, ses bras, son ventre, c'est extraordinaire. « *Nous étions tellement attirés l'un par l'autre que nous étions comme des ventouses. Je croyais que j'allais m'enfoncer en lui. Il y avait entre nous un va-et-vient comme si tout s'épousait. On s'accrochait, on se décrochait, et il fallait aussitôt que l'on se raccroche. J'avais l'impression que tout ce qu'il était pénétrait en moi. L'autre est à la fois soi et autre, on devient homme, femme... Le désir est constamment présent et renouvelé. Comme si nous pouvions nous interpénétrer, devenir l'un, devenir l'autre et inversement. Parfois, j'avais l'impression d'être sa peau, son odeur. Je devenais lui. Il me correspondait entièrement. C'est plus que de la communion, c'est un plaisir et un désir sans fin. C'est bien plus que de l'orgasme. Y'a que ça qui compte, c'est Dieu, c'est la vie, c'est l'infini, c'est la vraie rencontre homme/femme. Je ne pouvais plus m'en séparer, ni me détacher de ce garçon avec lequel il y avait une telle correspondance d'être et de peau. Il est reparti et j'ai toujours eu en tête de le revoir. J'ai recherché ça toute ma vie...* »

Anna est mariée depuis plus de vingt ans avec un homme

qu'elle aime sincèrement, profondément et avec lequel elle fait très bien l'amour. Mais ce n'est pas la même chose… Alors cet « *autre chose* » elle le cherche dans d'autres bras. Sans compulsion mais en l'ayant en permanence à l'esprit. Et la fidélité ? Anna reprend : *«La fidélité pour moi n'a jamais été une valeur. Bien au contraire. Dès que j'ai rencontré mon mari, j'ai su qu'il serait l'homme de ma vie. Pourtant dès le début, il a été dit que chacun vivrait ce qu'il aurait à vivre, mais sans en parler à l'autre pour ne pas faire de mal…* » Anna s'est mariée et elle a continué d'aimer d'autres hommes. Il aurait été « *morbide* » selon elle, d'y renoncer.

La sensualité, un art passionnant…

Anna a toujours eu le goût de l'aventure sensuelle comme d'autre ont le goût de l'aventure intellectuelle. Pour elle, ces aventures sont toujours des histoires d'amour et de créativité. « *Elles permettent d'advenir ensemble et à une autre partie de soi* ». De ces rencontres, elle prend en général l'initiative. Car elle aime ce jeu qui consiste à repérer un homme qui lui plaît. Puis à sentir qu'il la remarque, le laisser approcher et le séduire lentement, sûrement. « *J'aime sentir ce chemin qui s'ouvre devant. Un chemin que l'autre ne connaît pas encore et ne sait même pas qu'il va faire…* » Elle aime cette part d'inconnu. Elle savoure le plaisir de savoir, avant l'autre, qu'ils vont jouer ensemble cette partie de bonheur. Elle aime avoir la maîtrise du jeu, du désir, en prévoir les étapes, amener l'autre à s'intéresser à elle, à la découvrir et à la désirer… « *La sensualité est un jeu et un art qui m'ont toujours passionnée* »…

Cet art, elle le pratique avec subtilité et raffinement. Car cette petite femme menue, discrète, réservée, n'est jamais provocante ni vulgaire. Elle est en demi-teintes, réflexion, second degré et subtilités. Encore que cette Belle de Jour puisse se métamorphoser pour chasser. Autrefois, elle portait des jupes très courtes et elle continue d'afficher « *ce corps-là, un corps vivant* ». Certains hommes ont pu lui reprocher un comportement masculin. Trop entreprenante ! Elle leur faisait peur. Mais Anna, accepte de prendre tous les risques, y compris celui de déplaire. Et quand elle dit « *chasser* » c'est le mot qui convient, car elle laisse s'exprimer en elle tout ce qu'il peut y avoir d'animal, de sauvage. Elle avance à l'intuition, aussi. Parfois, elle va danser dans des boîtes et là, elle repère celui qui peut lui plaire. « *Ce ne sont pas forcément des hommes beaux. Ce sont des hommes qui me plaisent. C'est quelque chose de très animal. Je sens, je renifle leur sensualité. Je sais tout de suite si elle est puissante et saine. Une fois je me suis trompée, mais c'est très rare. Je suis très méfiante...* »

Anna est une artiste et une chasseresse : elle sait attendre, prendre son temps. Elle peut penser à un homme pendant des années avant d'avancer ses premiers pions. Elle est raffinée. Elle pratique l'amour comme mange un gourmet, avec lenteur, patience et délectation, en profitant de chaque bouchée comme elle profite de chaque étape de son histoire sensuelle. Les libertines adorent la conquête, les plaisirs. Elles ajoutent que ces jeux et ces joies ne seront jamais aussi forts que dans les premiers temps de la rencontre. Et qu'aucun homme ne fait l'amour de la même façon.

Catherine Millet, dans son livre *La vie sexuelle de Catherine M.* décrit précisément les effets du plaisir sexuel et leur caractère unique : *« Le plaisir solitaire est racontable. Le plaisir dans l'union échappe. Dans celle-ci, je ne me dis jamais voilà l'instant. Pas de déclic, pas d'éclair. Plutôt l'installation lente dans un état moelleux de sensations pures. Le contraire d'une anesthésie locale qui supprime la sensibilité mais permet de garder l'esprit éveillé : mon corps entier n'est plus que l'ourlet d'une déchirure à vif, tandis que la conscience est au stade de l'endormissement. Plutôt un état proche de celui qui précède l'évanouissement, lorsqu'on a l'impression que le corps se vide. Envahie, oui, mais de vide »*. Voilà pour ce plaisir tant aimé des libertines.

Mais pourquoi faut-il selon elles, des hommes différents ?

« Parce qu'aucun homme ne fait l'amour de la même manière. Pour être pratiqué avec art, le sexe doit être divers. On apprend des autres, de tous les autres. Le sexe se nourrit du sexe. Si c'est toujours avec le même, il manque le folklore, la variété, l'enthousiasme que procure un corps, un sexe nouveaux. C'est un peu comme si on mangeait très bien chez soi, il n'empêche que c'est toujours un peu la même cuisine. Je suis certaine qu'on ne peut vraiment bien faire l'amour que si on en aime beaucoup. Sinon, l'élan se tarit. Il est indispensable d'aller chercher ailleurs, d'élargir son horizon, pour s'enrichir de sensations, pour entretenir la sensualité. Pour que le sexe s'épanouisse, l'importation est nécessaire » explique une autre Catherine.

Bien ou mal fait, l'amour est une surprise, une heureuse surprise… À condition de savoir le renouveler dans des bras différents. Cette pratique du libertinage a toujours existé, existera toujours. Elle n'est pas l'affaire d'un milieu. Le philosophe Michel Onfray dans son journal d'un hédoniste intitulé *Le désir d'être un volcan* décrit les ébats adultères des milieux populaires. Il les surprenait parfois dans son enfance. « *Ce libertinage-là, j'ai vu le peuple le pratiquer pendant les heures de pause ou après la journée d'usine consacrée au travail dans des pièces moites, humides, surchauffées, dans lesquelles se faisait le pressurage du lait ou ailleurs, dans les salles glaireuses où s'élaborait la moisissure des croûtes* ». Partout, depuis toujours, cette recherche de « *la défaillance voluptueuse* » dont parle Catherine Millet : « *Rien ne m'empêchait de renouveler l'expérience d'aspirer une salive dont le goût est toujours différent, de presser dans la main, sans le voir, un objet toujours inattendu.... Les tous premiers accouplements m'ont laissé le souvenir d'un engourdissement... J'apprenais que chaque sexe appelait de ma part des gestes voire des comportements différents* ».

Comme Anna, les libertines décident de vivre leur plaisir jusqu'au bout. À ne pas confondre avec les hystériques qui elles aussi, vont d'homme en homme, mais sans plaisir. Avec angoisse plutôt. Elles ne cessent de se demander si elles peuvent plaire et si celui-ci, elles peuvent l'avoir. Et dès qu'elles sont rassurées, elles passent à un autre. Jamais tranquilles, jamais satisfaites. Leur besoin de conquête est un tonneau des Danaïdes, impossible à combler. Rien de tel chez les libertines. Elles peuvent attendre. Elles choisissent l'homme avec soin. Elles ne cherchent pas à conquérir mais à vibrer. Chez elles, ni névrose ni dépendance. Juste la recherche tranquille du plaisir dont elles tirent une jouissance formidable. Elles pourraient s'en passer, mais, disent-elles : « *Comme ce serait dommage !* »

De coquette à coquine…

L'infidélité se prépare longtemps à l'avance sur le terrain des rêves, des frustrations, des fantasmes et des jeux de la séduction… « *Le jour où l'on bascule, on se sent fébrile, plus réceptive que de coutume. On est comme une fleur prête à cueillir. On ne se dit pas vraiment "c'est pour ce soir" mais on pressent que ce soir-là, ce ne sera pas non ...* » Cet état d'esprit et de corps, si bien décrit par Solène au lendemain de sa première infidélité, cette fébrilité qui rend disponible à l'amour, rentre parfois bredouille à la maison. Aucun homme attirant sur son chemin, pas le moment, pas la possibilité et puis un jour, un soir… toutes les conditions sont réunies pour que naisse l'étincelle et que le corps chavire. Après coup, Solène a compris qu'elle l'avait préparé, espéré ce moment d'infidélité, mais sans bien comprendre ce qu'elle faisait : « *Pour aller à ma leçon de conduite j'avais mis ma lingerie en dentelles et mon tee-shirt mauve, le plus moulant de ma garde-robe. Devant ma glace, je devais penser à Rachid mais je ne le savais pas encore vraiment. C'est ensuite qu'on réalise où l'on voulait en venir... »*

Une surprise très… prévisible

Rachid est moniteur d'auto-école. Avec son air grand seigneur, son teint mat, son profil racé, sa classe de Prince du désert, il sent l'erreur de casting dans ce village reculé de Franche-Comté, roulant sur une petite route de campagne, à la place du mort, sous une pluie battante, un soir de novembre. Mais concentration, concentration ! Solène a 32 ans, une peur bleue d'écraser un piéton. Elle conduit *« comme un pied »*. Et elle le sait. Aucun sang-froid ! Une capacité nulle à passer la troisième et à regarder, en même temps, dans le rétroviseur… Elle a raté son permis deux fois. Pas question de manquer cette troisième chance et d'ajouter un nouvel échec à son palmarès. Elle risquerait de perdre son boulot (elle a menti sur son cv en prétendant avoir son permis B).

Tant pis pour le Prince du désert, apprendre à conduire d'abord et son mari ensuite, car elle est mariée. Plus assez bien pour être heureuse depuis la naissance des deux enfants, mais encore suffisamment bien pour rester, donc : « *Je contourne l'agent fictif pour tourner à gauche, je reste sur ma file oups ! Et je m'arrêêête au stop !* » C'est alors qu'arrive ce petit rien, cette chose indéfinissable, ce geste, ce regard, ce je ne sais quoi d'absolument craquant qui déclenche l'émotion et envoie promener toutes les promesses de fidélité que l'on s'était faites. Au stop, Rachid lui demande de couper le contact. Il allume le plafonnier, se tourne vers elle et pose sa main (une main fine aux ongles impeccables) sur celle de Solène crispée sur le volant. Le moniteur la regarde dans les yeux, gentiment, en souriant. Il lui dit de reprendre son calme. Elle a encore du temps avant l'examen. Elle progresse de jour en jour. Elle sera prête le moment venu, alors cool, la Belle…

C'est arrivé « comme ça »…

« Je crois que c'est sa main qui m'a fait flancher. J'ai pensé aux caresses qu'elle devait faire, lentes, appuyées, capables. En même temps, j'avais tellement envie qu'il me rassure et de lui montrer que je n'étais pas nulle... sur tous les plans ». Ils ont éteint le plafonnier. Et sur le bas-côté, près du Stop, dans la voiture-école, tandis que la pluie voilait leur intimité Solène *« a fait entrer du soleil dans sa vie »*… Curieuse impression que celle de l'évidence. L'infidélité n'était pas préméditée mais elle découvre dans les bras de Rachid que son corps, sa tête s'y préparaient depuis longtemps. Combien de fois a-t-elle dû en rêver. Car faire l'amour avec cet homme, lui paraît tout aussi évident que l'était, quelques heures plus tôt, sa fidélité envers son mari.

Quand les femmes disent « *c'est arrivé comme ça* », elles expriment ce naturel. Et aussi l'idée d'un aboutissement logique, compte tenu de leur personnalité, de l'état de leur couple et des approches mises en œuvre par le deuxième homme. Elles ne sont pas toutes « *presque malheureuses* » comme Solène. Certaines s'entendent très bien avec leur mari comme… Marie. Mais le type qui la raccompagne ce jour-là après la gym, la regarde intensément depuis plusieurs mois. Souvent, elle a eu envie de le gifler. Il est exactement le genre de type « *à baffer, tant il est lubrique et sûr de lui* ». Ce soir-là hélas, elle ne trouve pas de taxi. Elle est très pressée. Il la dépose chez elle, lui ouvre la portière (elle aurait dû se méfier !). Son mari est en déplacement, sa fille chez une copine. Elle se dit : « *Mais qu'est-ce que je fais ? Je suis complètement folle !* ». Trop tard, il embrasse comme un Dieu. Entre deux goulées de salive, deux étreintes, elle constate qu'elle va contre ses principes, contre elle-même, mais elle s'enflamme, c'est délicieux…

Quand l'occasion fait le câlin…

Certains contretemps sont propices à l'aventure. Certaines occasions aussi, comme les séminaires, les voyages sans conjoints qu'ils soient d'affaires ou de loisirs, lorsqu'on est seule avec les enfants pendant les mois d'été. Très prisées aussi, les fêtes d'entreprise, car elles permettent de danser avec le collègue tellement séduisant, tout en ayant un alibi en béton : la fête a duré si tard… Et puis il y a ce tête-à-tête avec un bon copain qui tourne au moment d'amour. Confidences, abandons, complicités, délicieuses affinités qui rapprochent de tête, de cœur et finalement… de corps.

La scène est bien plus classique qu'on pourrait le penser. Les acteurs sont un homme et une femme qui se connaissent bien. Ils sont mariés de part et d'autre. Ils se voient souvent, à quatre : les couples sont amis. Les enfants se connaissent. Ils partent en vacances ensemble. Ils sont inséparables.

Et puis, un soir, les couples se reforment autrement. Sans penser à mal (mais en y pensant tout de même). Les deux copains, homme et femme, se disent : « *Tiens on pourrait se faire un petit...* » : ciné, resto, cassette ou garder les enfants ensemble. À moins que l'un ne passe voir l'autre, à l'improviste. Ils sont voisins. En fait, ces tête-à-tête de dernière minute sont arrivés des tas de fois, sans qu'aucune véritable attirance n'ait été éprouvée, ou alors comme un éclair si vite refoulé mais ce soir-là... Dans ce contexte plein d'une camaraderie asexuée, ils ne se méfient pas. Tout en sachant qu'ils se plaisent, mais sans vouloir y penser. *« On ne fait pas ça à une copine ! On ne fait pas ça à un copain ! »* Néanmoins, dans les vapeurs d'une intimité bien arrosée, on se trouve des points communs. On parle des uns et des autres et finalement, de son conjoint. On découvre alors que chacun cache son jeu. Que l'amour n'est plus ce qu'il était. La femme du copain n'est pas ce qu'elle paraît. Le mari de la copine n'est pas aussi... Enfin, ils en parlent et se plaignent. Elle se met à pleurer. Lui se met à l'embrasser et voilà. Il est aussi facile que cela de commettre l'adultère le plus moche, moralement parlant, c'est-à-dire celui qui concerne la femme d'un bon copain, le mari de sa meilleure amie.

Après cinq ans de mariage...

Le rapport Hite soulignait que les femmes commencent à être infidèles au bout de cinq ans de mariage, alors que les hommes commençaient trois ans plus tôt. L'explication serait la suivante, les femmes espéreraient plus longtemps que « *les choses s'arrangent* ». Elles essaient d'aborder les problèmes, « *d'en discuter* ». Elles font des efforts, achètent le livre de Jacques Salomé *« Parle-moi, j'ai des choses à te dire »*. La cinquième année écoulée, elles baissent les bras. Et vont chercher ailleurs l'écoute, l'harmonie ou la sexualité qui leur manquent tant. Quand une femme cesse de miser sur son couple...

Pendant sept ans Marguerite (elle a donc été plus patiente que d'autres) a supporté un homme très personnel. Il passait son temps au travail pour se mettre, en rentrant le soir à la maison, à pianoter sur son ordinateur. Jouer à ses fameux jeux vidéo, voilà qui constituait son loisir favori. Ils ont eu un enfant et le jeune père a continué à jouer… sans eux. Elle a essayé la compréhension en se disant qu'il avait « *besoin de ça* » pour supporter le stress et décompresser. Tristement, elle se couchait sans lui en pensant qu'elle serait sans doute bien plus malheureuse si son homme la trompait ou regardait des cassettes porno au lieu de l'aimer, elle. Puis elle a commencé à venir le tirer par la manche : « *Oui, oui, j'arrive* », répondait-il gentiment, immuablement. Sans se lever ni détourner les yeux. Excédée, elle s'est mise à faire des scènes : « *Était-il au courant qu'il était papa ? Qu'il avait un petit garçon et accessoirement une femme qui allait avec ?* » Daniel a répondu que, si elle commençait à le prendre sur ce ton, il irait jouer au cybercafé. « *Non, mais c'est vrai à la fin ! Toi qui ne fais rien de la journée, si tu n'es même pas capable de comprendre que j'ai besoin de me détendre après le boulot, alors à quoi ça sert de vivre à deux ?* » Assommée par la mauvaise foi de son cybermacho, Marguerite a compris qu'elle vivait avec un drogué dont le cas relevait moins de l'amour sans condition, que de la désintoxication cathodique. « *Je l'ai trompé des mois plus tard, mais dès ce moment-là, j'ai senti que j'avais fini de l'attendre, fini de l'admirer. J'étais devenue une femme à prendre* »…

Je désire, donc je vis…

« Je ne connais rien de plus extraordinaire que de céder à son désir. Rien de plus jouissif que de perdre la tête, de ne plus penser, de régresser, de lâcher prise. Il n'y a plus de temps, plus d'espace, plus de mort, plus de limites spatiales, temporelles, plus de regard sur soi. On est un corps, un sexe brûlant, vibrant. On vit absolument, intensément. Il n'existe pas de plus grand bonheur. Il n'y a que cela qui compte. Quand on a connu ça, on ne peut plus s'en passer… » L'amour, le sexe, c'est la vie même. Et quand le désir disparaît ? Les hommes seuls nous avaient habitués à s'en plaindre. À redouter cette impuissance du corps à aller vers… Nous étions habitués à ce qu'eux seuls dépriment, ne se sentent plus des hommes face à une panne de libido. Or les femmes aussi commencent à dire qu'elles s'estiment non seulement mortes mais nulles. *« Si je n'étais même pas capable d'avoir du désir, alors… Ce n'était pas frigide qui me venait à l'esprit mais impuissante. J'étais devenue impuissante à ressentir ».* C'est ainsi qu'elles formulent l'extinction du corps : comme une incapacité, une anomalie qui leur fait honte…

Je retrouvais un corps, des seins, des fesses

Oh ! Bien sûr, certaines femmes ont si peur de leur désir qu'elles tiennent en respect cette tempête venant du fond de soi, trouble et bouillonnante, sombre et mystérieuse, forte à en perdre la tête. En ayant la satisfaction de la maîtrise mais avec l'ennui qu'apporte le calme plat. D'autres, parce qu'elles ont vécu des histoires passionnées (ou parce que leur déprime tourne à la dépression) refusent de s'installer dans cette non-vie : « *Avant, j'étais pleine de désir, de sexualité et plus rien. Je ne comprenais pas ce qui arrivait. Je devenais l'une de ces femmes qui font la moue à l'idée de devoir passer à la casserole !*

M'associer soudain à ce genre de nanas frustrées, frigides, après m'être sentie si désirante, après avoir eu une sexualité si épanouie, c'était insupportable » précise Nadine, 32 ans, deux enfants, dix ans de mariage. Elle se sentait très angoissée dans le rôle de la femme sans désir. Comme d'autres ne se supportent pas grosses ou inactives !

Comme quoi le désir fait désormais partie de l'identité féminine et de l'image épanouie que certaines femmes veulent avoir d'elles-mêmes. Nadine poursuit : « *Je vivais cette panne comme quelque chose de très inquiétant. Comme une menace de mort, d'enfermement dans le couple, la vie de famille, le rôle de mère (c'est arrivé après la naissance des enfants !). Je n'allais plus exister pour moi. Je ne serais plus qu'une mère. Ce danger planait sur ma vie. Si je n'avais plus de sexualité, alors je perdais le sel et le sens de la vie. Sans désir, je n'avais plus aucune raison d'exister !* »

Le désir n'est pas ce petit plus, accessoire et léger. Parfois, il est vital au sens premier du terme. *« Pour moi, c'était ou le psy ou l'amant. J'aurais très bien pu me tirer une balle dans la tête sans même m'en rendre compte ni savoir pourquoi »* constate une jeune femme très déprimée après la naissance de son bébé. C'est dans ce contexte qu'arrive l'amant. Nadine a rencontré Mohammed : *« C'était un homme très fin, très désirant, très sexuel. Il m'a fait fantasmer comme une folle. Quand il me regardait – même sans me toucher –, j'avais un corps, des seins, des fesses. Je cessais de n'être qu'un ventre. Cette rencontre fut l'amorce d'autre chose : j'ai commencé à m'habiller, à m'acheter des culottes. Je suis sortie de cette période où je ne ressentais rien. La force de mon désir m'a bouleversée. Ah bon ! Je n'étais pas foutue. Pas anormale. Vous ne pouvez pas savoir comme c'est bon, comme c'est rassurant de voir qu'on n'est pas morte au sexe et à la vie... »* Nadine exprime bien qu'il suffit de désirer (sans même agir) pour se sentir revivre. Mais elle voulait aller plus loin : *« Ce désir, il n'était pas question que je le laisse s'éteindre. Pas question non plus que je le vive seule, c'est vraiment trop triste !* » Son mari, pour des raisons qui lui sont propres, ne pouvait l'aimer physiquement. Comment Nadine a-t-elle ressenti cette première nuit dans les bras d'un autre homme ? Comme une trahison, une bouffée d'oxygène, une honte, une tempête ? *« Rien de tout cela, je l'ai vécu comme une nouvelle vie ».*

Le fun, la fantaisie

Est-ce que je lui plais ? Il a dit ça ! Oui, mais il a fait ça ! Pourvu qu'il rappelle ! Pourquoi il n'a pas appelé ? Tu crois que je lui plais ? Mais il est marié ! Peut-être que ça n'empêche pas ! Qu'est-ce qu'il est craquant ! Il m'a pris la main, c'est un signe ou c'est un hasard ?… Délice des premiers émois. Retour aux palpitations amoureuses de l'adolescence. Avoir un amant, c'est avoir quinze ans ! Marine a 28 ans. Elle pense que sa vie est finie. Elle a trois enfants, un mari très responsable qui travaille comme un fou pour *« nourrir sa petite famille ».* Sans perspective, elle déprime au point d'en tomber malade. Bonne idée, le jeune médecin remplaçant ressemble à *« Michaël Douglas jeune ».* Coup de foudre ! Enfin pas si sûr. Ah ! quelle merveilleuse incertitude.

Le goût du premier baiser…

Cette année-là, elle prétend souffrir de tout pour le voir : mal de tête, mal au ventre, insomnies… Et puis un jour, elle envoie un texto sur le numéro de portable que le Docteur lui a donné « *en cas d'urgence* ». « *Et vous ne prenez jamais de café entre midi et deux ?* ». Réponse immédiate : « *En bas de chez vous, tout de suite* ». Il dispose d'un quart d'heure avant la prochaine consultation. C'est suffisant pour sortir des rôles médecin-patiente. Au moment de la quitter, il l'entraîne sous une porte cochère : *« Je ne peux pas partir sans ça ! ».* Il l'embrasse goulûment. « *J'avais oublié ce qu'est le goût du premier baiser. Je me suis dit qu'il m'embrassait avec la langue et que c'était génial ! J'avais le cœur qui battait, c'était dingue. Je n'avais pas connu ça depuis quinze ans. Comme à l'adolescence, ce baiser était le must de ce qui pouvait m'arriver. Ce n'était rien et c'était la chose la plus importante au monde, une chose qui avait le goût de l'interdit et de la découverte. Je ne pensais plus qu'à cela. J'étais complètement heureuse et tout à fait perturbée. Je me demandais en rentrant à la maison si ça pouvait se lire sur mon visage. Et si embrasser, c'était tromper. Mais sur ce point, je n'avais plus aucun doute : c'était oui ! »*

« Parce que c'est interdit, parce que ce n'est pas bien et qu'on le fait quand même, c'est jubilatoire », observe Marine. Même gaîté sans culpabilité chez Sonia. Son mari l'a souvent trompée. Longtemps, elle a ajouté du malheur à son malheur : « *C'est normal avec la tête que j'ai* ». Le jour où François la drague, elle saute dans son lit. Sans hésiter et elle commence à souffler le chaud et le froid. À l'appeler, à se taire. À se jeter dans ses bras, puis à se refuser en pensant : « *Alléluia ! Moi aussi je peux le faire. Ce n'est pas toujours moi qui me languis, moi qui désespère, moi qui ai si mal... ».* Le jeu est d'autant plus drôle, épicé, apprécié qu'il va à l'encontre d'un conditionnement. On est soi. C'est son choix ! Les bonnes petites filles font souffrir. Elles s'encanaillent en riant, comme si elles cachaient leurs impertinences derrière un éventail de jeune fille rangée : « *Cela me rappelle mes prières : Notre Père qui êtes au pieu. Des péchés mignons ! Mais on les prend pour des crimes tant ils s'écartent du droit chemin...* »

Comme il fait bon sortir des sentiers battus ! Comme on existe fort dans la transgression ! Le plaisir des genoux qui se frôlent sous la table, des caresses, des baisers volés entre deux portes. Avec l'amant, s'installe une connivence de potaches soudés dans le chahut. Dominique se souvient de leurs fous-rires lorsqu'elle passait sous les fenêtres de son mari, cachée au fond de la voiture. Et les textos lus en cachette ! Les lettres comme des talismans glissés dans un livre, un sac, un portefeuille. Les messages enregistrés sur répondeur, sur ordinateur et relus la nuit ou à l'aube quand on ne peut plus dormir. Délicieux moment d'intimité, de complicité ! Des moments comme on n'en vit plus quand on vit à deux.

Un peu de champagne dans l'eau tiède

Pas marrante la vie de couple. Pas marrante l'image de soi en maman, en bobonne, en pro du métro-boulot-dodo. Pas marrant et répétitif : sans relief, sans rires, sans piment… Prendre un amant, c'est mettre un peu de champagne dans l'eau tiède. Ce n'est pas qu'on n'aime plus son mari, mais comment sortir de l'amour plan-plan, de plus en plus laborieux, l'oreille tendue vers la cloison : bébé dort ? Comment sortir de la routine, des soirées-télé, des réveils où se croisent les ego désolés de n'avoir à offrir que des poches sous les yeux, un vieux tee-shirt pour dormir, des maux de ventre, l'énervement du ménage à faire, du chef *« qui prend la tête ! »*. Forcément, à trois dans quarante mètres carrés…

L'Amant Slim-fast…

Si ça continue comme ça, le temps va passer. On va se sentir moches, vieilles, énormes ! L'antidote c'est la main tendue par l'amant, son charme, ses yeux allumés de désir, ses compliments qui font se sentir belles, se sentir femmes. Grâce à lui, on fournit ces efforts nécessaires : acheter des sous-vêtements sexy, perdre des kilos, aller plus souvent chez le coiffeur, être d'humeur rieuse. « *Quand on est mariée, il est très dur de rester dans la séduction. L'amant oblige à être au top. On en prend un pour s'obliger à rester belle et séduisante et puis comme c'est agréable de faire de l'effet ! »* Vive l'amant Slim-Fast ! Ce n'est pas Olivia qui dirait le contraire. À chaque rendez-vous galant, elle va chez le coiffeur, s'épile les jambes, perd trois cents grammes. « *Il est très difficile de rester séduisante pour un mari qui le soir, devant sa télé, pense à souffler plus qu'à apprécier sa femme. Lui-même ne se donne plus beaucoup de mal : jog-*

ging, baskets, pas de rasage le dimanche : ça repose la peau ! Faire durer le désir, s'accueillir l'un l'autre c'est du boulot à plein temps. Avec nos hommes, on partage surtout la fatigue et les emmerd... À la longue, on s'écoute moins, on se parle moins, on se devine moins. Surtout au lit. Ce n'est pas mon Jules qui est en cause, mais la vie conjugale après ces journées crevantes ne donnant qu'une envie : s'avachir pour zapper ! »

Quand « *l'ici* » est un peu plat, un peu triste, un peu routinier, « *l'ailleurs* » l'aventure apparaît comme une bouffée d'oxygène. Elle crée des impatiences égayant les journées : lire les textos, les e-mails, attendre les coups de fil comme des petites bulles de plaisir. Entre midi et deux, Olivia s'envole vers ses rendez-vous galants. Leur effet tonique se prolonge des jours. Quand elle sent un coup de blues, hop ! Elle pense au prochain rendez-vous avec son Roméo… Roméo ? Non, il s'agit plutôt d'un copain-amant, un collègue cherchant comme elle : un peu d'évasion, de légèreté, de plaisir sans conséquence. Olivia précise : « *Un amant c'est un plus, une fête, un cadeau. Mais ça ne peut pas être tous les jours dimanche. Il faut savoir collectionner les moments joyeux sans tirer de plans sur la comète. Et se convaincre que l'on vit seulement du bonheur en plu*s ».

Vengeances et petits règlements de comptes

Scénario classique : la naïve découvre qu'elle est trompée et se venge en « *faisant pareil* ». Sandra sait qu'elle a épousé un coureur de jupons, tout en s'efforçant de ne pas le savoir. Elle espère, grâce à son amour sincère et dévoué, avoir gagné l'exclusivité de son corps divin. Mais non ! Elle le surprend un jour dans la rue, « *en train de tripoter une minette* ». Sandra plus réfléchie ou plus amoureuse que d'autres femmes dans la même situation, rebrousse chemin sans se montrer. Les yeux embués et le cœur battant de tristesse, de colère, de jalousie et d'amertume, elle fait mine de n'avoir rien vu. C'est en rentrant chez elle qu'elle sent ses nerfs lâcher. Elle se jette sur le lit conjugal, pleure toutes les larmes de son corps, fomente un complot pour le tuer. Non, elle va se suicider « *Et puis non, c'est trop con, je vais en faire autant !* ».

J'ai fait pareil, c'était con…

A cette idée, elle se sent déjà mieux : « *Un partout, ça fera match nul* ! ». Quelques mois plus tard, un copain de son frère la retrouve par hasard. Il est de passage à Paris. Marié avec des enfants. Tous deux autrefois avaient « frouchelé » comme on dit à Bruxelles où il habite. Ils s'aimaient fort mais, timidité ou pudeur, leurs tâtonnements érotiques étaient restés superficiels. S'étaient-ils loupés ? Eh bien, ces retrouvailles étaient une bonne occasion de s'en assurer. C'est ainsi que Sandra a « *remis le couvert et les compteurs à zéro sans mettre son mariage à plat* ». Pas de scènes, pas de cris, pas de règlements de comptes ! Juste une petite vengeance intime qui restera entre elle et elle, « *Histoire de ne pas se sentir une pauvre fille victime d'un mari dégueulasse* ». Une vengeance propre, sans cris, sans vague ni dégâts collatéraux. Et les deux « froucheleurs » ? Ils se sont séparés contents d'avoir passé un bon moment, sans avoir rien raté.

Évidemment, le problème avec cette cuisine ce sont les dépendances. Ces suites de coucheries qu'on ne maîtrise pas trop bien. Les femmes qui trompent par vengeance sont des novices en adultère. Du coup, elles dérapent dans l'amour, les ruptures, le divorce. Bref, elles vont plus loin qu'elles ne l'auraient voulu. Ainsi Mona qui passe d'épouse à concubine, sans avoir très bien compris ni pourquoi ni comment : « *Quand j'ai surpris mon mec avec une taspé, je me suis mise à le faire cocu, mais sans conviction, avec un collègue qui me draguait depuis des mois. Finalement, je suis tombée folle d'un autre. Je veux vivre avec lui. J'en rêve la nuit. J'y pense le jour ! Ça me prend la tête à en crever et l'autre – mon mec – qui ne voit rien. Forcément, il a de quoi s'occuper !* »

Autre version du naufrage post-traumatique, Dominique, 30 ans, mariée depuis huit ans à l'homme de sa vie. Elle veut faire une lessive. Très banal, direz-vous mais en ménagère soigneuse, elle retourne les poches de pantalon de son mari. Pour le cas où, « *vous connaissez les hommes !* », il aurait oublié un mouchoir en papier. Elle trouve quelque chose dans les poches de Jules. Rien à voir avec un Kleenex, c'est une lettre : « *Ah ! le salaud, il couche avec une autre* ! »… Elle raconte la suite : « *Je suis allée le trouver avec la lettre. Quand il a vu ça, il m'a dit : je suppose que tu vas faire pareil. Je l'ai trouvé débile. Je l'aimais. Mais je l'ai fait quand même, en vacances, avec un ami très proche. On avait bien picolé. J'ai passé une nuit divine. À la suite de ça, mon mariage a sombré. C'était foutu ! Mon mari n'était plus le seul amant possible. Finies la confiance, l'admiration, la pureté des sentiments…* » Ils ont divorcé quelque temps après. Moralité ? Soyez prudents Messieurs ou bien… retournez vos poches !

Il a ce qu'il mérite !

L'infidélité peut être une vengeance contre un coureur ou contre un macho. En effet, certaines femmes prennent un malin plaisir à cocufier leur *« propriétaire ».* Vous savez ce genre de mari qui confond époux et maître. Ceux qui considèrent que leur « *potiche* » a « *une chance folle* » d'avoir pu leur mettre « *le grappin dessus* ». Et que font-elles ces ingrates ? *« Voyons, voyons, qu'est-ce qui lui couperait les couilles ? Le tromper avec son meilleur copain, encore pire que lui. Ça ferait d'une pierre deux coups, je vengerais ma copine. Ou bien avec son patron, cet hypocrite qui drague les femmes de ses collaborateurs et que bêtement mon mari porte aux nues ?* » L'infidélité sonnerait-elle comme la revanche des femmes opprimées ? Oui parfois, mais il s'agit d'une bien triste revanche, sans gloire ni plaisir. Touria est marocaine. Elle est redevenue fidèle en comprenant que : « *Mes amants ressemblaient à mon mari. Coucher avec des types qui nous traitent comme des chiennes, ça fait toujours du mal* ! »

Sur fond de tristesse...

L'une des surprises de cette enquête est que la mort rôde de manière frappante autour de l'infidélité. Parfois, il s'agit de la mort réelle d'un proche, d'un enfant. L'écrivain Camille Laurens interrogée par le magazine *Psychologies* expliquait : *« C'est le jour où mon bébé est mort que j'ai cessé de considérer la fidélité comme une exigence sensée : ayant eu en moi pendant des semaines cette pensée, ce corps, cette présence constante d'un Autre aimé (la grossesse, archétype absolu de l'absolue fidélité), soudain le découvrant séparé, lointain, inaccessible aux caresses, j'ai compris violemment que personne ne m'appartenait, que j'étais seule... »*.

Même parcours terrible pour cette femme de sous-marinier. Elle perd ses deux enfants dans un accident de voiture. Sous le choc, les parents sont incapables d'en parler ensemble. Elle aime profondément son mari. Elle montre leur photo de mariage : « *On ressemblait à des premiers communiants. Nous n'étions vraiment pas équipés pour vivre un drame pareil. Le mutisme s'est installé entre nous* »... Elle rencontre un homme suffisamment fort psychologiquement pour l'écouter malgré la violence de ses affects. Cet homme est sa soupape, son équilibre : « *Je parle avec lui de ce qui nous a meurtris à mort mon mari et moi. Mais quand on parle de la mort, on a envie de son contraire, du désir, de l'amour qui se fait naturellement...* »

Un rempart contre l'abandon

La mort d'un parent, d'un beau-parent peut entraîner ce genre de compensation. Dans les bras d'un homme nouveau, les femmes douloureuses noient leur chagrin, fuient leur drame ou le racontent. Et se prouvent, ainsi, qu'elles, au moins, sont bel et bien vivantes. Pour les mêmes raisons, Yvonne s'est décidée à tromper son mari (après y avoir beaucoup pensé), le jour où elle a cru avoir un cancer du sein. Face à la maladie, une vie de fidélité et de sacrifice ne rimait plus à rien. Il fallait profiter à fond du peu de temps qui, pensait-elle, lui restait !

Cette angoisse de mort peut venir de l'enfance. Juliette avait neuf ans. Elle adorait son papa. Il était si fantaisiste ! Elle n'avait pas envie d'aller à l'école ? Eh bien, qu'elle n'y aille pas ! Il y avait tant de choses intéressantes à faire et à voir : assister à des procès d'assises, discuter, éplucher le journal et célébrer la vie : n'est-elle pas magnifique ? Un jour à la veille de partir en vacances, Juliette ouvre la porte de la chambre de ses parents. Un cancer du pancréas avait fini par terrasser son père. Il était allongé sur le lit, méconnaissable, mort. Mais personne n'en parle. Alors, la petite fille monte dans l'autocar qui l'emmène en colonie de vacances, en souriant. Aujourd'hui, elle a deux hommes dans sa vie. Pour conjurer le risque de perdre un homme aimé ?

En tout cas, ces histoires de deuil, de perte, d'abandon se répètent dans des proportions frappantes. Ce n'est plus Juliette qui parle mais ce sont les mêmes mots : « *J'avais dix ans quand mon père m'a annoncé qu'il allait mourir. Il ne l'avait dit qu'à moi. J'ai vécu avec ce poids terrible. Grâce aux progrès de la médecine, il a pu vivre encore quinze ans, sous dialyse, mais je n'ai jamais cessé d'avoir peur de le perdre. Depuis, les hommes que j'aime sont destinés à m'abandonner* ». Alors mieux vaut en avoir deux, comme on a une roue de secours dans le coffre de son auto ? « *Oui, deux c'est un rempart contre l'abandon. D'ailleurs, j'ai toujours eu deux hommes, deux jobs, deux pays d'adoption. Il était logique que j'aie deux mecs : si l'un me quitte, l'autre reste. Je ne suis pas très fière de moi, mais j'ai toujours tellement peur que les choses finissent...* »

À moins qu'il ne s'agisse de morts plus symboliques. La quarantaine, la cinquantaine, la soixantaine... sont parfois vécues comme des caps inquiétants. Ce sont des anniversaires ou la fin de quelque chose comme la réalisation d'un projet qui habitait depuis des mois. Que cela se termine, entraîne une déprime consolée, compensée par l'amant : *« J'avais 31 ans, deux enfants un garçon et une fille, j'avais réalisé tout ce que j'avais à faire sur terre. Ma vie était finie... »*. À moins que ce ne soit la fin d'une illusion exprimée par Claire, 30 ans : « *Dans l'infidélité, je guéris le désenchantement de l'amour. Je ne crois plus à l'homme idéal. C'est triste et déprimant de tromper son mari. Cela signifie que l'on renonce à faire changer son homme et évoluer son couple. Oui, on avoue par l'adultère qu'on ne croit plus avoir épousé le Prince Charmant. Reste le plaisir de faire bander un homme, ça c'est toujours génial !»*

Qui suis-je ? Que veux-je ?

« Mais qu'est-ce qui se passe ? Qu'est-ce qui m'arrive ? Pourquoi je fais ça ? Certaines ajoutent *: « Alors que j'ai tout pour être heureuse, alors que tout va bien dans mon couple ».* Dans *Le secret*, le film de Virginie Wagon, Marie a 35 ans, un mari qu'elle aime (et avec lequel elle fait très bien l'amour) un enfant *« merveilleux »*, un métier dans lequel elle réussit : elle vend des encyclopédies et va être promue. Douze ans de mariage, au bord de faire le second enfant et de faire carrière. Au bord de s'ancrer dans une vie qui est venue à elle, plus qu'elle ne l'a choisie, mais qu'elle ne déteste pas. Loin de là ! Et elle rencontre Bill, un danseur noir américain, cinquante ans, peut-être plus. Pas beau, des cernes, du ventre, une trogne, mais une immense sensualité *« un besoin de sexe »* insatiable et un côté zen, apaisant. Ils n'ont aucun point commun : pas du même pays, pas la même couleur de peau, pas le même âge, pas la même langue, pas les mêmes univers culturels et mentaux, aucun passé, aucun avenir. Entre eux, c'est du désir seulement. Un désir dans lequel elle se jette à corps perdu, en expliquant plus tard à son mari : *« Toute cette histoire, je l'ai vécue comme quelqu'un qui cherche à tâtons dans le brouillard... »*

Même si ça doit casser des choses !

Pour qu'une femme en arrive à tromper son homme, pour qu'elle brave les interdits, pour qu'elle prenne le risque de « tout foutre en l'air », de faire de la peine, de briser son couple, sa famille à laquelle elle tient forcément, il faut des raisons puissantes. C'est cette force que Marie, exprime lorsqu'elle explique à son mari : *« Je me disais : avance, ne t'arrête pas, même si ça doit casser des choses c'est qu'elles doivent l'être. J'ai du mal à voir plus loin que ce que je suis en train de faire. Je ne sais même pas où cela mène... »* Dans un premier temps, l'infidélité n'apporte aucune réponse. Elle pousse seulement à s'interroger : *« Est-ce que mon homme est le bon ? Est-ce que j'aime ma vie ? Puis-je continuer comme ça ? »* Que des questions cruciales ! D'ailleurs, étymologiquement « l'adventure » est ce qui doit advenir. Elle fait avancer sur le chemin de soi : *« Un amant, c'est du développement personnel,* ironise Sandrine. *C'est moins cher qu'un psy. On peut même avoir des cadeaux ! »*

En effet, l'amant sert à trouver qui on est, ce qu'on veut. Ceci explique que certaines se soient mariées jeunes. Voici ce que Virginie Wagon dit de son héroïne : « *C'est une femme qui a sûrement quitté un peu tard ses parents, qui a eu des aventures mais qui a rencontré son mari trop tôt. C'est un amour très fusionnel. Ils se sont connus étudiants. Ils sont à douze ans de vie commune. Marie est quelqu'un qui n'a pas eu le temps de se constituer véritablement en tant qu'identité...* ». Si la relation avec l'amant n'est que sensuelle, elle tourne court rapidement (à moins qu'elle ne devienne relâchée et sans importance, seulement fondée sur le fun). Mais si elle est profonde, alors elle invite à faire le point. Et à s'avouer temporairement ou définitivement, des choses terribles à propos de son mari : « *Je ne l'aime plus. Je suis malheureuse. Je ne suis pas moi-même. Je m'ennuie au lit...* »

TROISIÈME PARTIE

LE MARI ET L'AMANT

Il existe deux sortes d'infidélités : l'accident de parcours, la pulsion un soir de fête, dans un moment de cafard. On « *craque* ». Ce sera la seule fois. Oh ! Bien sûr l'image de soi en ressort écornée. On ne pourra plus dire : « *J'ai toujours été fidèle à mon mari* ». Néanmoins, ce petit coup de canif donné dans un contrat sans histoire, n'a pas grandes conséquences sur le couple. Un peu plus de patience peut-être, pour se faire pardonner. Un peu plus de fantasmes parfois, en évoquant ce moment volé. Un peu plus d'inquiétude aussi : et si mon mari en faisait autant ? Mais bientôt cette infidélité passe à la trappe de la mémoire. Au point que certaines femmes jurent qu'elles n'ont jamais trompé leur mari… ou si peu.

Et puis il y a l'infidélité installée. Il s'agit soit d'une liaison durable, soit d'aventures répétées avec des partenaires différents. Celles-là changent tout. D'abord parce qu'elles poussent à s'interroger : « *Que fait-on avec son mari ? Que se passe-t-il dans son couple pour qu'on ait envie d'aller voir ailleurs ? Qu'est-ce qui va ? Qu'est-ce qui ne va pas ?* » L'existence de l'amant oblige à faire le point sur tous les plans : sexuel, affectif, sentimental et même professionnel. Ensuite parce qu'un autre soi-même se révèle sous de nouvelles caresses physiques et psychologiques. Des aspirations, des talents, des désirs inédits émergent dans les bras et dans le regard d'un homme nouveau. Forcément, il a d'autres critères pour apprécier la femme, la personne qui lui parle et lui fait l'amour. L'amant, quand il compte, éveille d'autres femmes en soi.

Mais les psys parlent surtout chez les femmes « *d'infidélité-message* ». Tandis que les hommes iraient chercher dans l'adultère une réassurance de leurs performances sexuelles (seraient-ils seulement les pratiquants égocentriques d'une gymnastique sans sentiments ?), les femmes ne seraient pas infidèles pour le seul plaisir du sexe mais pour dire à leur mari qu'elles en ont marre ! Marre de quoi ? Marre de ne pas exister. Marre de ne pas être reconnues, respectées. Marre d'être enfermées dans un rôle, un couple, une famille, un petit moi trop étroit face à des ambitions personnelles de plus en plus exigeantes. L'aventure est une protestation contre une vie quotidienne pesant lourd sur la vie des femmes. Elle est aussi une manière de s'en remettre au hasard. De jeter les dés en l'air pour voir comment son couple, sa vie, sa place, sa sexualité vont retomber et se repositionner, en mieux ou en pire, qu'importe : ça ne peut plus durer ! Le mari n'est pas toujours perdant, ni même remis en cause. Seul le mode de vie est à reprendre, parfois. À moins qu'il ne faille changer quelque chose, mais quoi ? C'est ce qu'apprennent les femmes dans les bras d'un autre homme. « *Dommage,* disent les fidèles*, qu'il faille en passer par là pour savoir enfin ce que l'on est et ce que l'on veut, pour soi et dans la vie à deux.* »

Crise personnelle ou conjugale ?

Qu'est-ce qui ne va pas : soi, son couple ou rien du tout ? Les psys affirment que l'infidélité est « *une mauvaise réponse à une bonne question* ». Mais quelle est la question ? On ne l'apprend qu'en avançant. Pénélope affirme que l'infidélité est « *un acte qui trahit sa pensée* ». On commence par aller dans l'aventure comme on marche dans le brouillard. On ne sait plus ce qu'on fait, ni qui on est. On joue, on agit, on avance sans y voir très clair. « *C'était comme une immense machine qui était en train de se mettre en route. Je sentais à la fois qu'il fallait la vivre, que je ne pouvais pas faire autrement, mais que le truc me dépassait complètement. Je pressentais également que je pouvais fracasser mon mariage, tout en me disant que quelque chose devait bouger. J'avais le vertige à l'idée de tout chambouler. Pourtant, il fallait que je le fasse pour voir ce qui allait en sortir. Ma vie telle qu'elle était, ne pouvait plus durer. Si je continuais ainsi, j'allais mourir à moi-même. Je vivais cette aventure pour le plaisir et pour la survie* ».

Mais s'agit-il toujours d'une « *crise* » ? Et si oui, est-elle personnelle (un mauvais moment à passer) ou conjugale ? Parfois, la réponse est évidente. Son couple ne va pas bien, on se console ailleurs. Lisons la comtesse Livi, l'héroïne de *Senso*. Elle écrit dans son journal intime, à propos de son vieil époux : « *Mon mari fumait, ronflait, disait du mal du Piémont, achetait des cosmétiques : moi, j'avais besoin d'aimer...* »

Une affaire entre soi et soi...

De plus en plus fréquemment aujourd'hui (les tabous tombant) l'infidélité peut être une affaire entre soi... et soi. On a vu quels comptes les femmes pouvaient avoir à régler avec leur passé. Toute son enfance, Margaux a vu sa mère être humiliée par son mari, un homme à femmes « *il était boulanger et ne vendait pas que des brioches !* ». Petite vengeance intergénérationnelle contre la gent masculine, à son tour de prendre, séduire, jeter, humilier : « *C'est drôle de penser que chacun de mes trois amants croit qu'il est le seul !* » Infidélité très personnelle aussi quand les femmes se shootent à l'amour fort. Le calme d'une relation sûre leur convient mal. Dans la paix affective, elles se sentent mourir. Dès que le coup de foudre est passé, elles se remettent en quête de sensations fortes, passionnelles, hystériques : je l'aime, je le hais. Elles pourraient dire : « *Qu'importe l'homme pourvu qu'on ait l'ivresse* »… Une dépression qui s'ignore ? Voire…

Il se peut aussi que l'infidélité soit une affaire entre soi et… Tartempion. Pas de crise dans le couple qui va parfois très très bien. Juste un flash sur un homme. Ou bien encore, on termine une vieille histoire. « *Quand j'ai eu 26/27 ans, j'ai retrouvé un copain que j'avais connu dans mon adolescence. J'avais été la copine de son frère. À l'époque, nous n'avions pas pu consommer. Nous étions un peu amoureux mais juste copains. Et puis, je l'ai retrouvé. J'étais mariée. Nous avons fait l'amour deux fois, comme des dieux d'ailleurs, aussi bien qu'avec mon mari. Mais ce n'était pas l'homme de ma vie. Nous n'avions rien raté. La boucle était bouclée.* » Une façon de s'assurer, en somme, qu'un ex n'a pas d'avenir.

Et puis il y a ces grandes amitiés qui ne peuvent en rester là. Comment ne pas aller plus loin, jusqu'à l'échange physique, quand la complicité est par ailleurs si forte ? Magali ne peut pas s'empêcher de vouloir connaître « *autrement* » les hommes de sa vie. « *Après un échange plein d'intimité, j'ai besoin de continuer la conversation, au lit. Pour me rapprocher encore plus. On ne connaît bien les gens que par ses sens, en les voyant à l'œuvre. Là, on sait si les hommes trichent, sont sincères, égocentriques, généreux…* » Ne risque-t-elle pas d'y laisser son couple ? « *Oh ! non, nous nous aimons depuis trop longtemps et puis avec lui ce n'est pas pareil : j'aime son corps mais j'adore aussi son âme et ça, c'est beaucoup plus rare…* »

Besoin de respirer…

Mais reconnaissons que le couple est en cause, souvent. Comme la comtesse Livi, les femmes ont besoin d'aimer ou… de respirer quand elles se sentent enfermées dans la prison d'un couple étouffant, fusionnel. Chacun glissant dans les pas de l'autre, sans espace personnel, sans vie privée. Dans ce cas, « *aller voir ailleurs* » est pris au pied de la lettre. Il s'agit de respirer un autre air, d'autres pensées, un autre corps, un autre esprit. Et de se créer un espace privé, un espace à soi. L'infidélité sonne alors comme un sursaut d'indépendance. Josette s'est mariée à 20 ans, voici douze ans. Elle a eu deux enfants, une maison, un chien, et une vie ensemble 24 heures sur 24. Ils sont bouchers : Luc à la viande, Josette à la caisse. Tant qu'ils se sont passionnément aimés, cet amour à plein temps leur a convenu. Au fil des années, elle a commencé à étouffer sous le regard permanent des clients, de ses enfants, de son mari. Pas une minute à elle, pas de jardin secret. Tout pour les autres.

C'est alors qu'elle a rencontré Martin, un père divorcé, à « *l'heure des mamans* » devant l'école. Ils ont joué au chat et à la souris pendant des mois. Elle se doutait qu'elle lui plaisait, mais comment en être sûre dans ces cas-là ? Surtout quand on n'a connu qu'un seul homme dans sa vie. Elle y a pensé pendant des heures. Martin lui, est devenu un habitué : œillades, viande fraîche tous les jours, rôti dans le filet le dimanche. Un jour, Josette était seule dans la boucherie et Luc à Rungis. Les deux clandestins se sont aimés dans l'arrière-boutique, à la va-vite. Il l'a prise contre un mur. Ils se sentaient fous, complètement cinglés. N'importe qui aurait pu les surprendre. Le plaisir était là justement. Martin est revenu plusieurs fois tenter sa chance. Josette l'a découragé. Cette seule folie lui suffisait pour rêver, se souvenir et posséder un petit coin de paradis, bien à elle…

L'adultère de Josette n'était pas commis contre son mari mais contre leur mode de vie. Il signifiait : « *J'ai trop donné, j'étouffe ! Laisse-moi du temps pour moi !* ». Souvent, dans les livres, les articles on parle d'aventures *« légères »*. Ce sont des pas de moineaux, des airs de fugue, un bruissement sur le chemin d'une vie. On parle moins, en revanche, des infidélités qui ont de ces lourdeurs ! Elles sont graves, urgentes, vitales. Ces femmes supplient qu'on les aime. Elles cherchent le Prince Charmant, le dieu qui les sortira des abysses conjugaux dans lesquels elles se sentent sombrer. Aimer devient au sens propre une affaire « *d'état* ». En dépendent leur destin, leur joie de vivre, leur équilibre. On dirait qu'elles sont en danger de mort, tant elles se jettent dans l'infidélité à corps perdu. *« Quand on est au fond du trou, quand on a une vie de merde, quand on pleure du matin au soir, on est toutes dans le même cas : c'est soit l'amant soit la dépression »* affirme Véronique, la fidèle, la vertueuse qui n'en peut plus d'un mari dépressif et donc, agressif, impuissant, léthargique. Elle est tombée dans les bras du meilleur ami de leur couple. Elle allait si mal ! Avec le recul, elle observe : « *Il faut vraiment craquer pour craquer...* »

Certaines femmes vont voir ailleurs sans renier l'homme qui est bel et bien là, dans leur vie. Mais d'autres, peut-être la majorité, « *finissent* » par prendre un amant. Elles ont renoncé à faire entendre et à combler leurs manques au sein du couple. À moins qu'une rencontre providentielle ne soit venue révéler à quel point elles étaient frustrées. Comme si soigner la douleur venait la réveiller… Dans les deux cas, la frustration fait le lit des écarts. Elles *« couchent contre.... »* en quelque sorte. Mais de quelles frustrations s'agit-il ? De frustrations sexuelles d'abord, puisqu'il s'agit d'amants.

Au lit, je croyais que c'était bien…

Alors, oui, elles ont fait un mariage d'amour, une union pour la vie qui semblait devoir tenir ses promesses. Elles étaient amoureuses. En tout cas, elles le croyaient. Et puis les années ont passé et Valérie a constaté un certain déphasage de tempérament : « *Je suis très physique, je pétais le feu. Il était calme. Avec lui, c'était toujours la même chose...* » Les idées reçues nous ont fait croire qu'il existait, d'un côté des femmes légères, des courtisanes ou encore des *« nymphomanes »* rebaptisées aujourd'hui pour rire paraît-il, « *putes ou salopes* », de l'autre des femmes honnêtes, des femmes bien n'étant pas portées sur la chose mais dévouées, bien entendu. Coup de théâtre ! Les femmes « honnêtes » ont une libido ! Et une envie d'en jouir…

Hélas, à la maison, les hommes ne sont pas forcément habitués, ni préparés, ni partants, ni doués, ni imaginatifs, ni prêts à lâcher la bonde… Sexuellement, des débuts corrects sans plus et une suite atone, voilà ce que décrit Safia qui pourrait être Olga ou Marceline ou quantité de femmes mariées trop jeunes pour bien juger leur épousé : « *Maintenant je sais que ce n'était pas génial mais, au début, je croyais que c'était bien, je n'avais pas une expérience immense. J'étais très amoureuse, ça allait. Puis le désir s'est estompé, les rapports se sont espacés. Au bout de deux ans, nous faisions l'amour une fois tous les deux mois. Sans savoir que c'était pour compenser, je sublimais, je m'activais. Je me racontais que ce n'est pas si grave, qu'on peut très bien s'en passer. Au bout d'un moment, on finit par oublier qu'on est une femme. On devient "quelqu'un" sans corps, ni sexe… jusqu'au moment où le désir vous rattrape. Là, c'est le cataclysme…* »

Période critique pour la sexualité conjugale, la grossesse, l'accouchement, l'après-bébé. Trois fois, Axelle a eu « *mal pendant des mois* ». Les épisiotomies ont causé des douleurs dont elle n'arrivait pas à se remettre. Impossible de faire l'amour. Il faut dire que son homme ne l'aidait pas. « *Il détestait mon corps d'après grossesse. J'avais accouché depuis quinze jours de ma troisième fille. J'étais nue devant lui quand il m'a toisée : "T'as vu ton cul ! Il va falloir faire quelque chose parce que ta soeur au bout de quinze jours, elle était superbe." Au lieu de me dire c'est un gros con, et puis ma sœur, elle a un mari qui gagne très bien sa vie et qui peut lui offrir une diététicienne, des séances de gym… bref, au lieu de le renvoyer dans ses buts, j'ai pensé que c'était horrible ces grosses fesses, ce ventre mou. J'estimais qu'il aurait pu le dire plus gentiment, mais qu'au fond, il avait bien raison.* »

Autant d'humaine galanterie a de quoi refroidir une femme déjà fragilisée par la naissance. Secrètement, l'allusion à sa soeur est restée gravée. Ils n'ont jamais repris une vie sexuelle heureuse. L'été suivant, alors qu'elle n'avait pas encore retrouvé la fermeté de ses chairs, en maillot de bain sur la plage, un homme gentil lui a demandé si elle pouvait compléter leur équipe de volley. Elle avait peur de paraître « *énorme* ». Deux semaines plus tard, dans le lit du volleyeur, Axelle apprenait que les appréciations sur le physique des femmes sont variées, subjectives et bienveillantes quelquefois car, lui, l'aimait « *pour* » son ventre : « *C'est si émouvant. Il fait comme une petite poche encore toute gonflée. On dirait que ton ventre se souvient du bébé. Ces rondeurs, c'est de la nostalgie. Comme c'est beau ! Sais-tu au moins comme tu es belle ?* » Il riait. Il s'émerveillait de ce que l'autre, le mari, trouvait moche, écœurant. D'ailleurs, en divorçant, il a perdu sa femme, ses trois filles et il ne l'a pas volé !

Tant de solitude…

Quelle autre raison une femme pourrait-elle avoir de « *prendre un amant* » ? Le sentiment de solitude affective et morale. Entre Éva et Étienne, tout avait bien commencé : « *Avec Étienne au début, c'était drôle, enthousiasmant, il avait beaucoup d'humour. La rencontre s'était faite sur une complémentarité. J'avais 20 ans et lui 27. Il était aussi drôle que j'étais timide, aussi entreprenant que je doutais. Il était sensuel aussi, il faisait souvent l'amour. Ce n'est qu'après, par comparaison, que je l'ai compris : je ne pouvais pas exister dans l'amour. Il s'accrochait à moi, c'était bestial, mais il ne m'aimait pas, il ne cherchait pas à me connaître…* » Éva avait tant à faire avec ses trois enfants, sa maison… qu'elle ne ressentait aucun vide. Jusqu'au jour où sa fille aînée, une blondinette de six ans, est tombée malade. Samu, hôpital et là, pas d'Étienne ! Pendant ces dures semaines, il n'avait jamais le temps de passer voir « la petite ». Les enfants étaient l'affaire d'Éva... Pas un instant non plus, il ne s'est demandé comment allait sa femme, psychologiquement parlant, comment elle supportait cela. Pas un instant, il ne s'est soucié d'elle. Aucun dialogue, aucun soutien moral, première entaille dans une union qui a commencé à se fissurer. Forcément, ils auraient dû être deux. Elle était seule.

La petite fille a retrouvé ses bonnes joues, mais la maman a continué de se sentir malheureuse : *« C'était terrible de ne pas bosser, que personne n'ait besoin de moi, de ne servir à rien. Les enfants avaient une nounou. Mon mari disait d'ailleurs « ta nounou » comme si j'étais une enfant, comme si cette aide, ce luxe devaient suffire à me combler. Je lui ai dit cent fois que j'avais besoin de retravailler mais pour lui, ma place était à la maison. Je lui ai dit que je me sentais seule. Il m'a répondu que j'avais tout. Que je me sentais vide. Il me répondait que j'étais fatiguée. Mais non ! Je n'avais pas besoin de repos (je hurlais), j'avais besoin d'exister. Même mes mots, mes idées il ne les comprenait pas ! Il interprétait, déformait tout. Il m'a même traitée de « snob ! » Le drame pour moi était que nous étions dans la construction de la vie, mais pas dans la construction de l'être et du couple, vous savez quand l'un fait avancer l'autre dans le sens de ce qu'il est et vice versa.»*

Pour se distraire, Éva a commencé à tromper Étienne en pensées. À chaque fois qu'ils voyaient des amis, elle s'imaginait repartant avec l'homme le plus sympathique de la soirée. Quelle serait sa vie avec le joli professeur de tennis, le séduisant médecin, le notable notaire ? Elle rêvait aussi de voyages, d'aller en Égypte voir les Pyramides ! Encore un rêve qu'elle ne réaliserait jamais. Étienne préférait la France : *«Que trouves-tu là-bas qui n'existe pas ici ? »* Il était trop sûr de lui, trop sentencieux pour qu'elle lui réponde, sans s'empêtrer dans ses arguments : « *L'Égypte sera toujours... l'Égypte* ». Elle n'arrivait pas à énoncer une idée personnelle, sans se prendre pour une idiote.

Ça n'allait pas, croyait-elle, parce qu'elle était bête. C'était en fait, une question d'écoute. Si elle n'entrait pas dans son schéma, dans l'image qu'il se faisait d'elle, hop ! il décrochait, n'écoutait plus : « *Qu'est-ce qu'on mange ?* »

Pourtant, elle aurait voulu rester mariée toute sa vie. Pensez donc, un jeune homme beau, intelligent, riche, déposant le monde à ses pieds mais à condition (tout est là !) qu'elle soit conforme à l'idée qu'il se faisait de la bonne épouse, de la bonne mère. À condition qu'elle commence par ne pas travailler. Cent fois, elle lui a répété qu'elle avait besoin d'exister, de faire ses preuves, de se réaliser, de se dépasser. Qu'être Madame de… ne pouvait pas suffire ! Chaque fois, il a fait semblant de ne pas comprendre. Dans le cas d'Éva, l'adultère a été l'ultime manière de formuler une demande vitale. Puisque Étienne ne voulait pas qu'elle existe…

Tout en continuant de rêver du Prince Charmant, Éva *« pour faire quelque chose »* s'est mise à sillonner Paris, à la recherche d'une occupation. Cours de poterie, d'encadrement, de gym, de danse, d'italien et du shopping. Là, un lundi matin de rentrée des classes, elle rencontre un prof, pas beau non, mais attentif. Ils font connaissance, sympathisent, plaisantent pendant les cours de conversation. Or de qui, de quoi parle-t-on dans les rudiments d'une langue étrangère ? De soi. Elle baragouine. Il éclate de rire, rectifie, interroge en français. Elle répond sur le même ton, sans complexes. Elle se sent bien avec lui, en confiance. Il l'écoute vraiment. Pour la première fois depuis des années elle n'essaie pas d'entrer dans des cases. Elle se montre telle qu'elle est, simple, dynamique, fragile et rieuse. Et il adore ça…

Tout ce qu'on ne veut pas voir…

Les femmes crient leurs besoins, leur désarroi, leur mal de vivre. Le problème est qu'on ne les écoute pas ! Alors, finalement, pour peu qu'un homme leur apporte ce qui leur manque tant, elles craquent, sans résistance. « *Il ne donnait rien, aucune affection, aucune tendresse, aucun désir. Rien ! Jamais une main dans le cou, un sourire, un baiser gratuit, un regard aimant, admiratif... C'était le vide total. J'ai essayé longtemps de biaiser. J'avais beaucoup de copines, des tas d'amis. La maison était pleine tout le temps. Je me battais pour être courageuse. J'aurais dû me battre pour être heureuse. Un retraité m'a fait la cour. Il n'était pourtant pas mon type d'homme. Mais il me gâtait. Il était gentil. J'étais la Reine... Je suis tombée tout de suite. J'étais prête à cueillir...* »

L'amant comble les manques mais, ce faisant, il les souligne. Jusque-là, les femmes ont été un peu malheureuses, mais sans trop savoir pourquoi : « *C'est fou ce qu'on ne veut pas voir. On ne veut pas s'arrêter là-dessus (ses manques) parce qu'on a d'autres urgences, d'autres choses à vivre : les enfants, le boulot. Sur toutes ces petites humiliations, ces malheurs, on a du mal à mettre des mots. Et puis arrive un homme qui nous ouvre les yeux. Ainsi, d'autres relations, une autre manière d'être avec quelqu'un sont possibles ! C'est une révélation* ! » Axelle, la mère de famille récemment accouchée de son troisième enfant, découvre que l'on peut s'émouvoir de son ventre distendu. Valérie et Safia apprennent que l'on peut faire vraiment, ce qui s'appelle… l'amour. Sa vie, son couple, ses aspirations sont interrogées dans l'adultère. Mais pas tout de suite. D'abord, c'est l'aventure, le frisson, la vie qui entre dans… la vie, l'attente fébrile des coups de fil, les rendez-vous à l'hôtel, le manque quand l'amant n'est pas là.

Ce n'est que plus tard, quand l'excitation, l'émotion s'apaiseront que les femmes comprendront ce qui leur arrive. Qu'elles pourront se dire toutes ces choses qui leur font mal et qu'elles n'osent pas s'avouer : « *Je ne l'aimais plus mais il était trop tôt pour se le dire...* ». À moins que cette aventure hors du couple, ne permette finalement d'y revenir : « *Je l'aimais toujours et je ne le savais pas...* »

Les amants, leurs atouts, leurs attraits…

Qu'ont-ils de plus ces hommes qui font craquer au point que soient transgressés les tabous, les convenances, les serments de fidélité et d'amour toujours ? Quelquefois, rien. Ils se trouvent là par hasard, un jour où il faut sortir de soi pour clamer qu'on est vivante, en pleine forme, ouverte au monde et au plaisir. À moins que ce ne soit une revanche prise sur une histoire qui meurt. Ou bien un regard contagieux qui allume le désir. Et pourquoi s'en priver ?

Ces amants qui croisent le bonheur des Dames ont pour seules caractéristiques de se trouver là, au bon moment, et d'être d'accord pour que les corps exultent. Hommes d'un soir, amants d'une nuit, c'est à peine si l'on se souvient d'eux. Leur prénom, leur âge, leur passé, leur statut, leur compte en banque, leur situation de famille ? Aucune importance ! Les aventurières du désir se moquent des convenances et des identités. Elles veulent du présent, du plaisir, de l'intense et de l'anonymat. Des hommes-objets ? Oui bien sûr, mais très en phase avec des femmes du même ordre, espérant bien être prises, utilisées autant qu'elles prennent, utilisent l'homme qui entre en elles.

Certaines parmi les plus jeunes sont des belles de jour organisant « *des plans-cul* » entre copines, comme au bon vieux temps où elles étaient célibataires. Dans ces boîtes où elles vont, tout le monde est là pour ça (l'équivalent des bar-dancing pour les seniors). La danse, les slows, les frottements permettent de sentir si les corps se mettent en appétit. Ensuite, l'hôtel de préférence, sans grands bavardages ni préliminaires, mais avec des rires oui, et du plaisir et c'est très bien comme ça. Hommes et femmes sans suite se repèrent, se reconnaissent, fusionnent, jouissent et se quittent. Un corps à corps vif comme l'éclair.

Fulgurant mais pas sordide. Une explosion des sens et la complicité de gamins qui se foutent du monde entier quand leurs sens s'enivrent. Ce plaisir, pris au nez et à la barbe des bien-pensants, rend joyeux. Quel culot ! Ils ont osé ensemble. Ça crée des liens, des éclats de rire. Une seule fois. Adieu cher complice… Comment vous appelez-vous ? Disons l'Homme du bus, l'Homme du train, l'Homme du 21 rue des Délices. Pas d'avenir, des souvenirs : nous ne vous oublierons jamais…

Un désir irrésistible…

Certains amants durent plus longtemps. Leur genre, leur apparence peuvent laisser songeuses. Pas du tout notre genre ! Rien à voir avec le Prince Charmant, ni avec l'amant imaginaire : grand, jeune, beau, mince, bronzé, pectoraux, tablettes de chocolat et plus bas, Rocco Sifredi. Véra n'est sans doute pas la plus belle femme du monde mais elle est blonde, grande, distinguée, mince, trente ans. Son homme idéal ? Ce bel Allemand blond qui l'enflammait dans ses années collège, lors des vacances de la Toussaint. Elle les passait à Nogent-le-Rotrou chez sa grand-mère avec, pour seul horizon Hans, un étudiant munichois venant une fois par an se recueillir sur la tombe de sa mère française. Rien à voir avec son Albert, 55 ans. Quand elle est dans ses bras, elle flambe, tremble et s'excite à en faire grincer les ressorts du lit de grand-mère, complice de ses frasques. Mais dès que la fièvre tombe, dès qu'Albert apparaît douché, repeigné, quel choc ! Dieu qu'il est laid ! Toulouse-Lautrec soi-même, noiraud, minuscule, mal foutu, chauve et barbu, ventru et… poilu « *Tout ce que je déteste !* » commente Véra avec un sourire radieux. « *Alors ! Alors ?* » demandent les copines.

« *Les yeux, l'aura, une vibration* » répond la conquise. « *Une formidable affaire de cul, une attirance irrésistible. On ne peut pas lui dire non. La première fois, il m'a d'abord regardé le cul, les hanches, les seins et ensuite, seulement, les yeux. C'était fou ! Jamais on ne m'avait violée du regard avec cet aplomb, cette impertinence. J'ai eu l'impression d'être une gonzesse, une pouf, une poupée, enfin toutes ces choses... Je me suis approchée pour le gifler et j'ai vu son regard, tellement amusé devant cette indignation, que j'ai piqué un fou-rire. Je me suis sentie ridicule à monter sur mes grands chevaux. Et tout ça parce qu'un homme appréciait mes fesses ! À l'époque, j'aimais mon mari. Le tromper ? Quelle horreur ! La honte ! Mais Albert prenait le sexe tellement à la légère, que je me suis mise à en faire autant. C'était joyeux, libérateur mais toujours respectueux. Je n'ai jamais l'impression d'être une chienne ou une pute. Jamais il ne m'oblige à faire ce que je n'aime pas. Nous sommes deux personnes qui cherchons ensemble comment prendre le plus de plaisir possible ! Il aime que j'adore le sexe autant que lui. Vous savez comment je l'appelle ? Ma théière. C'est le surnom que se donnait Toulouse-Lautrec lorsqu'il était debout, nu, ayant une virilité dans de très bonnes dispositions. »*

Certains hommes éteignent la féminité et le désir qui est en nous. Devant eux, on se sent appartenir au genre neutre, ni homme ni femme. Juste un nom de famille, une fonction : libraire, charcutière, femme de Marcel, fille des Martin… Une sorte de troisième sexe. Aucun effet ! On ne leur fait aucun effet. Pourquoi ? Horribles supputations : l'âge, les bourrelets, trop petite ! trop maigre ! Plus aucune féminité… Bien des femmes mariées semblent en manque de ces hommes bénis, enchanteurs, excitants qui les regardent vraiment, d'un regard qui allume, réchauffe et met en relief chevilles, mollets, muscles des cuisses, déhanchement, rondeurs des seins qui tendent les tee-shirts... On se dédouble, on se voit comme ils nous voient. Comment leur résister ? Ils nous rendent irrésistibles. Belles ? On ne sait pas, mais désirables oui, donc belles finalement. Que leur état d'esprit soit en plus délicieux ; qu'ils aiment le désir – le leur et celui des femmes – sans le juger, à égalité de droits et de reconnaissance pour les bonheurs que le sexe procure ; qu'ils l'envisagent avec une liberté joyeuse et… nous voici légères, enflammées, heureuses de la vie, des hommes, de nous-mêmes.

Et bien près de craquer. *« Qu'ont-ils de plus ? »* se demandent les maris trompés, en mesurant les plus, les moins de leur virilité. « *Qu'ont-ils de plus ?* » se demandent les femmes *« honnêtes »* qui n'auraient jamais pensé tomber dans leurs bras ? Réponse de Jean Clair dans *Méduse* : ils ont « *leur regard, cette érection de l'œil* ».

Un homme à femmes, c'est-à-dire...

Souvent, l'amant est un homme à femmes. Il les connaît. Il les aime. Il n'en a pas peur. Au point qu'on leur prête un « *côté féminin* ». Ils aiment les entendre parler de ces choses dont on ne parle qu'entre copines. Esther va jusqu'à évoquer « *une certaine connivence de ventres* ». « *Un jour, j'avais terriblement mal au ventre. Mes règles. Il a dû m'entendre à l'autre bout du bureau. Quand je suis remontée de la cantine, j'ai trouvé sur mon bureau une boîte de Spasfon. J'en suis restée sciée. Ça existe des mecs comme ça ! Pour le remercier, je lui ai envoyé un texto. Ça a été le début de quelque chose. Il m'appelait Princesse et moi, Spasfon 1er* ».

Ces amants qui acceptent la féminité d'une femme, sans gêne, sans dégoût et même avec appétit, les épatent, les subjuguent : « *C'est si beau, si rare* », affirme Sophie. Elle se rappelle cet amant avec lequel elle n'osait pas coucher pour des raisons que sa pudeur et sa gêne ont eu du mal à avouer : « *Magistral, il m'a renversée sur le canapé. Il a ôté ma culotte, tiré sur le fil du Tampax. Cette sensation de vide puis de plein lorsqu'il m'a pénétrée m'a fait une impression extraordinaire...* » L'amant rêvé aime une femme dans tous les états de son corps, de son ventre, de son sexe et de sa jouissance. Et en plus, il n'a qu'une envie : nous rendre heureuses, nous faire plaisir. C'est même une façon d'engager la conversation : « *Vous n'êtes pas heureuse, quel dommage ! Vous êtes faite pour ça ...* »

Il se reconnaît au plaisir pris à donner du plaisir. C'est la première chose qu'il aime, avant sa propre jouissance : « *Se sentir une femme dans les bras d'un homme... Quand cela arrive, il n'y a plus de mari qui compte. Quand on est dans les siens, on est la reine. Il n'est pas prédateur. Il est attentif à ce que je demande. Si mon désir ne vient pas, il attend sans inquiétude. Il a confiance en lui, en moi, en nous. De même si l'érection n'arrive pas tout de suite, on a tout le temps. Sa jouissance lui est égale. L'important est que moi, je jouisse... »* Dans leurs bras on se sent femme mais pas putain et *« surtout pas sainte »* précise Caroline : « *Le désir qu'on a, c'est que le mec soit raide dingue de nous ! Le pire qu'un homme m'ait fait c'est de me regarder nue et de dire : "Je te respecte !". Il n'y a rien de plus anti-érotique, rien de plus bête. Quand on est une femme, on a envie d'être collée au mur. Et lui me respectait ! Il avait une tête à respirer comme un petit chien le jour de l'accouchement de sa femme. Une tête à s'excuser pour toutes les tournantes, à voir toutes les femmes comme des rescapées de la case banlieue. »*

Surtout pas un saint. Surtout pas un macho qui rabaisse les femmes pour éprouver sa force. Non, ce qu'aiment les femmes ce sont des hommes sensuels qui les dévorent comme un gourmand ou les goûtent comme un gourmet, en leur donnant l'impression, à ce moment-là, d'être uniques au monde.

Beaux parleurs ?

Mais les regards abrupts et les violents désirs qu'ils éveillent doivent, pour plaire aux femmes moins averties des vaillances de leur libido, apparaître plus civilisés, s'accompagner d'apprivoisements, de préliminaires cérébraux, de mains frôlées, d'allusions timides, de déclarations voilées, d'approches leur donnant le sentiment d'être conquises comme des forteresses. Ainsi, elles recouvrent leur diable au corps des nobles voiles de l'amour. Grâce aux mots qui l'enrobent, l'histoire de cul devient affaire de cœur. « *Que veulent les femmes ?* » se demandait Edmond Rostand dans Cyrano de Bergerac. « *Qu'on leur parle* », répondait le héros…

Les amants parlent aux femmes. Ils l'emportent par la fulgurance de leur désir et/ou par de judicieux hommages. Les deux, c'est encore mieux : « *Petite, grosse, trapue, costaude, binoclarde, je n'ai jamais été canon. Mais lui me trouvait un joli nez, des mains fines et un sex-appeal du diable. Il disait qu'aucune femme ne lui avait donné envie à ce point de se fondre en elle. Il vantait mon teint, ma peau au grain si fin. Il me flattait. Bêtement, j'ai fini par le croire...* » Surtout, ne pas dire la vérité mais dire à l'autre ce qu'il a envie d'entendre. Albert a ravi Véra en affirmant qu'il n'était pas question qu'une « *femme aussi sensuelle et sexuelle reste sage !* ». « *Sensuelle ! Sexuelle ?* » Elle est tombée des nues. Puis il lui a volé un baiser, enfonçant sa langue dans sa bouche, tournoyant sur les dents, les gencives, la voûte du palais avec une gourmandise consommée. « *Il ronronnait presque* ». Il a brodé un instant sur sa « *salive au parfum de violette, sur l'haleine de... son nez, d'une fraîcheur printanière* ». Enfin, il s'est extasié : « *Ah, Bon Dieu ! Ce tuyau,* admirait-il, *tout est là ! Tu as le plus beau con du monde, brûlant, humide, palpitant comme une bête traquée. Si tu savais comme c'est excitant, émouvant* ». Non, Véra avant lui, n'en savait rien. Il lui apprend à quel point son corps, son sexe peuvent susciter du désir, procurer du plaisir. Révéler aux femmes leur féminité, ses qualités, ses effets... l'une des cartes maîtresses des amants.

Beaux parleurs aussi, en ce sens qu'ils représentent un univers, un mystère, un ailleurs invitant au voyage. Caroline mène une vie sans histoire, un mari, trois jeunes enfants, une jolie maison, quelques copines : « *Je ne vois que des mères et des bébés !* ». Elle décide de s'inscrire dans une chorale. Son mari est d'accord. Il gardera les enfants le mercredi soir. Le chef de chœur est chilien. C'est un réfugié politique. Il a fait de la prison sous Pinochet. Une voix divine, du charisme à revendre, un passé courageux, une cicatrice virile et fragile à la base du cou... Ils prennent l'habitude de prendre un café avant les réunions de chorale. Avec son accent, son visage buriné, sa conscience politique, le côté perdu du déraciné… il est un monde à lui seul, un monde à part qui la change du sien. Des heures, elle pourrait l'écouter parler. Rien de sexuel encore, juste de l'évasion correspondant à son besoin de changer d'air. Avec lui, on peut vraiment dire qu'elle va « *voir ailleurs* ».

Il aime ce que j'aime en moi

Un amant, c'est aussi quelqu'un qui donne de la valeur, une autre valeur… Dans les bras du sien, un homme de 65 ans, Élodie, 40 ans, apprend la tendresse : « *Mon mari m'admirait parce que je savais poser du carrelage et conduire un motoculteur. Avec André, j'ai pu devenir une poupée, une nénette. Il aimait que je me pomponne, que je porte des soutiens-gorge à balconnets. Il m'emmenait au concert, au théâtre, au restau. Il me gâtait. Je me sentais honorée d'être traitée comme une maîtresse, comme une petite poule. Être un faire-valoir, c'est valorisant. Cela prouve qu'on a de la valeur. Je valais quelque chose puisque cet homme de pouvoir dépensait pour moi, m'offrait des cadeaux, des bijoux* ». On commence et on continue avec l'amant parce qu'il réveille des pans endormis de soi : « *J'arrivais de province. Je ne connaissais personne. Je voulais me rendre utile, je suis entrée aux Restos du Cœur. Là, j'ai rencontré Jean-Sauveur. Il était antillais, étranger comme moi. Nous avons sympathisé. Ensemble, nous parlions de choses profondes comme la place de chacun dans la société, le sens de l'autre, de la collectivité, de l'intégration. Il m'apportait une dimension nouvelle, me faisait découvrir que j'avais d'autres aspirations que celles de mon milieu bourgeois. Il m'aidait à trouver le sens que je voulais donner à ma vie. Avec mon mari que j'adorais, nous parlions des enfants bien sûr et de son travail, mais jamais de mes aspirations…* ».

L'amant (idéal) est aussi l'homme auprès duquel les femmes peuvent exister et se dire telles qu'elles sont. Telles qu'elles se découvrent parce qu'elles se sentent importantes et considérées pour des qualités qui n'ont pas l'habitude d'être mises en valeur : « *J'adorais le regard qu'il portait sur moi. Un regard admiratif, curieux, intrigué, malicieux, amusé : je l'inquiétais. Il pensait que je n'étais pas nette. Il me renvoyait des choses que mon mari ne voyait pas, n'estimait pas en moi. Il m'a toujours fait cheminer.* »

D'où le succès de ces hommes qui savent deviner à quoi rêve une femme et la poussent dans le sens où elle veut aller : « *Avant de le connaître, j'étais une bonne maman, quelqu'un de bien, ce qui n'est déjà pas si mal. Lui m'a appris à devenir intelligente et rigolote parce qu'il y croyait. J'ai adoré qu'il me voie comme ça. Il m'a donné envie de développer cet aspect-là de moi-même, celui que j'aime le plus...* ».

Savants calculs

Attention, nous allons faire de la psychologie compliquée. Car l'infidélité fait peur quand la passion s'en mêle. Alors, on invente toutes sortes de stratagèmes pour ne pas trop souffrir. Ainsi, on ne couche pas avec celui qu'on aime parce qu'on l'aime trop. Ou alors, on couche avec celui qu'on a aimé, mais seulement quand on ne l'aime plus. Ou bien, on couche avec un type qu'on n'aime pas pour faire bisquer celui qu'on adore. Ou encore : on couche avec celui qu'on aime passionnément mais… pour ne plus l'aimer. Compliqué, mais vrai. L'amour en général et l'amour adultère en particulier, font si peur qu'on tourne autour de mille manières. Pour ne pas s'y perdre.

Comment ne pas perdre la tête ?

Exemples concrets : *« Si j'avais couché avec Antonio quand nous nous sommes connus, je me serais consumée sur place. J'aurais pu quitter mari et enfants tellement il me plaisait, tellement il correspondait à ce que j'aimais chez un homme. Et… je l'aurais fait fuir. Il aurait cru que je voulais lui mettre le grappin dessus ou quelque chose de ce genre. Nous n'avons fait l'amour que cinq ans après avoir flashé l'un sur l'autre. Alors que ça n'avait plus vraiment d'importance. Une amitié était née. J'étais devenue capable d'avoir une relation plus maîtrisée. Les délices sans les dangers, c'est idéal… »* Cinq ans après l'amour fou, Clara peut faire l'amour sans risquer de *« foutre sa vie en l'air »*. Cinq ans après la passion, elle peut jouer un double-je. Aimer son amant et… assumer son rôle d'épouse, de Maman. Être là pour ses amies (qu'elle ne voyait plus), continuer de travailler et d'avoir du plaisir dans le lit conjugal. On pourrait appeler cette technique : différer pour mieux sauter mais, cette fois, sans se faire souffrir.

Parfois, le raisonnement est absolument inverse. Il faut

d'urgence s'abandonner aux bras obsédants du Casanova. Passer à l'acte pour en finir avec l'obsession et avec les interminables conversations téléphoniques à en faire exploser les forfaits : *« Et tu crois que je lui plais ? Oui, mais est-ce qu'il m'aime ? Ah ! bon, amour... physique, c'est un quoi ? Un pléonasme ! ».* Autre technique, la diversion. Elle consiste à coucher « *à côté* » c'est-à-dire à se décharger d'un trop-plein d'amour, dans les bras d'un homme sans importance. Est-ce assez clair ? Reprenons, on aime Hector à la folie. Eh bien, on file sous la couette avec… Marcel. Pour apaiser sa libido et en finir avec la folie d'Hector. Des précisions, celles de Karine : « *Je suis tombée raide dingue d'un mec avec lequel je ne couchais pas. Je le désirais comme une malade. J'avais envie d'être avec lui 20 heures par jour. J'étais hantée. Mon mari me parlait, je pensais à l'autre. Si ce type m'avait touché la main, je l'aurais épousé. J'ai couché avec un numéro deux parce que je ne pouvais pas coucher avec le numéro un, celui que j'aimais follement. D'ailleurs, quand je tombe amoureuse grave, j'en prends toujours un autre en même temps, pour ne pas devenir folle du premier. Mais cette fois, j'étais tellement folle de numéro un que le jour où, enfin, il m'a téléphoné (en me disant qu'il n'avait trouvé aucun bon prétexte pour m'appeler, ce qui était une forme de déclaration) et cela pendant une heure et demie, j'ai uriné dans les plantes vertes pour que la conversation puisse continuer sans que j'aie à prononcer une phrase aussi triviale que : « Pardon, j'ai envie de faire pipi... »*

C'est compliqué l'amour, et plus encore quand il se vit en double, en triple. Avec cynisme ou lucidité ? Catherine Breillat dans son film *Romance* observait : *« Les femmes se donnent très facilement au premier venu, alors qu'elles se refusent et tiennent la dragée haute au malheureux qui les aime... »* Une blague circule sur Internet : « *Les femmes sont simples...* » répète-t-elle, en montrant qu'elles sont très compliquées. Si les maris connaissaient les détours amoureux que cachent ces infidélités seraient-ils rassurés ? Peut-être pas sur leur santé :

« *Avec le beau mec décérébré, je mets des capotes. Jamais avec celui que j'aime et ça n'a rien à voir avec le risque. C'est tout simplement, que je n'aime pas à heures fixes…* »

Juste sexuel ?

On les avait tellement nourries d'amour avec un grand A qu'elles ont été tout étonnées de jouir dans les bras d'un homme qu'elles n'aimaient pas. Et même de jouir pour Laure, avec un… « *outil* » : « *Je n'en suis pas revenue. La première fois que je me suis servie de ce truc, j'ai ressenti un très long spasme, parfaitement identifiable et sans avoir recours au moindre fantasme. C'était un magnifique orgasme de la teneur la plus pure…* » Constatant que l'homme-plaisir est parfois aussi bon (si ce n'est plus ?) que l'homme aimé, certaines se sont mises à chercher le sexe pour le sexe « *comme les hommes* ». Catherine Millet en tête. Et, avant elle, toutes les jeunes femmes des années 1970 ayant vécu « *la libération sexuelle* ».

L'autre étonnement a été de ressentir une attirance très forte, presque irrépressible, pour des inconnus. Alina raconte qu'elle était dans un grand magasin au rayon cravates, cherchant un cadeau pour son mari. Il y avait là un homme qui hésitait entre une cravate à rayures et une cravate à pois. L'une était belle, l'autre quelconque : « *Je me suis approchée pour l'aider. Je voulais le convaincre de choisir la plus jolie. Je m'apprêtais à lui faire son nœud quand j'ai senti le danger. Nous étions souffle contre souffle. Je sentais sa chaleur à travers la chemise. Il avait chaud. Il transpirait un peu. Je ne me suis pas enfuie, au contraire. Au moment où j'allais faire le second nœud, j'ai senti sa main sur mes fesses. Il m'a attirée dans la cabine d'essayage et là, il m'a baisée brutalement contre la glace. J'ai adoré, mais lui… Jamais je n'ai vu un homme aussi honteux, ni aussi triste. Il se mariait un mois plus tard. Je n'ai pas dit un mot. Pour laisser le moins de traces possible…* »

Belles de jour...

Oui, certains élans sont «*juste sexuels*». On ne connaît rien de cet homme, que le désir qu'il inspire. Il intéresse pour ça ! Un homme-objet ? Oui, car il est là pour le désir. Non, car il est une peau, un corps, un sexe qu'on aspire à connaître. En ce sens, il existe vraiment et correspond bien à cette définition que Flaubert donnait de l'amour : «*être fou-curieux*». En l'occurrence nous sommes «*fou-curieuses*» de la virilité de cet homme-là. Parfois, ils n'ont objectivement rien pour nous plaire. Karine raconte son aventure : «*J'ai rencontré ce type dans une boîte. Les autres étaient en train de discuter de je ne sais quoi. Je suis allée sur la piste de danse. Là, un homme très maigre, très petit, avec des clefs accrochées à la ceinture. Un peu loulou de banlieue. Il m'a invitée à danser et aussitôt, le désir a fusé de part et d'autre. Il me collait. J'épousais son corps aussi près que possible. Il a commencé à dire que j'étais chaude, que j'étais canon, qu'il allait se faire une branlette en rentrant si je continuais à l'exciter comme ça. Torride ! Une flambée en trois minutes seulement. On n'en pouvait plus. Oui, avec lui, on peut vraiment dire que c'était juste sexuel. Je n'en revenais pas : moi qui suis mariée avec un si beau mec...* »

Ces pulsions sexuelles si fortes existent depuis toujours, évidemment. La nouveauté est que les femmes ne se croient plus obligées d'invoquer l'amour pour les justifier. De plus en plus, elles assument leur désir sans coller sur lui des sentiments qui n'existent pas. La nouveauté aussi est qu'elles sont de plus en plus nombreuses à céder au désir. Là où, autrefois, elles se seraient enfuies. Là où elles auraient été affolées par la force de la pulsion, elles restent au contraire. Et vont jusqu'au bout pour voir : «*Je ne voyais aucune raison de m'interdire ce coup de folie avec l'homme aux cravates,* se rappelle Alina. *Même pas l'homme que j'aime, le père de mes enfants. Le désir m'a surprise. Je m'y suis faite très vite. Dès qu'il m'a mis la main sur les fesses. C'est ensuite que j'ai regretté mais, pour lui, pour ses remords de futur jeune marié. Pas du tout pour moi ...* »

Néanmoins, peut-on considérer un homme comme un godemiché ? Une femme comme une poupée gonflable ? Le docteur Ghislaine Paris, sexologue, n'y croit pas. *« Du sexe mécanique, ça n'existe pas. Il y a toujours de l'émotion, une relation humaine, du sentiment. Même avec les prostituées. Souvent les hommes disent : "elle avait le regard doux". Évidemment, c'est leur interprétation. On ne voit pas comment une professionnelle pourrait regarder son client avec attendrissement. En tout cas, ces hommes la voient comme un être humain. Pas comme un objet...* » Et les femmes ? Certaines disent que l'essentiel pour elles, est dans la sensation : « *C'est un peu comme de manger un chocolat fabuleux. On se moque de savoir qui l'a fait. Certains hommes sont des artistes en amour. On se concentre sur leurs baisers, leurs caresses. J'ai la chance de pouvoir prendre mon pied avec à peu près tous les mecs de la terre. Pourquoi devrais-je aller chercher plus loin ? »*

Constater qu'elles peuvent avoir du plaisir sans sentiments, crée parfois un enthousiasme formidable. Pour Alina, ce fut une révélation : « *Je découvrais que le plaisir pouvait être non sanctionné. Un peu comme si l'on pouvait manger trois tablettes de chocolat sans grossir. C'était génial ! Le corps pouvait fonctionner tout seul, être totalement indépendant. On pouvait jouir sans s'embarrasser de quoi que ce soit d'autre. C'était grandiose ! La porte ouverte sur le plaisir et la liberté... »*

C'est *d'abord* sexuel...

Plus fréquemment, il pourrait certainement y avoir des sentiments, la construction d'une histoire et d'une relation, mais on n'a ni le temps ni l'envie d'approfondir. « *Une aventure, c'est... sexuel ! Mais prioritairement sexuel »*, confirme Justine, 34 ans. Dès qu'elle a vu Adrien, elle a su qu'elle avait terriblement envie de faire l'amour avec lui, d'une façon différente « *d'une manière plus sexe* » avoue-t-elle en rougissant. Tout de suite, elle s'est sentie en confiance. La première fois qu'ils ont fait l'amour, ils ne s'étaient vus que deux ou trois fois, mais « *la confiance était là* ».

Cette première étape franchie, elle a compris qu'ils pourraient aller beaucoup plus loin tous les deux, dans la transgression des tabous ou plutôt des limites qu'elle s'était toujours fixées, par pudeur, par paresse aussi, peut-être. Adrien lui a offert de la lingerie rouge sexy. Il lui faisait prendre des poses. Elle osait un strip-tease. Jamais elle n'avait essayé ces jeux auparavant, faute de cette complicité avec un homme. Ils prenaient tant de plaisir à se découvrir tous les deux sur ce plan-là, qu'ils n'avaient pas de temps pour le reste. Quand ils se voyaient, ils faisaient l'amour, récupéraient, refaisaient l'amour et rien d'autre, car les heures étaient comptées.

Quand les femmes disent que leur aventure est « *juste sexuelle* » elles veulent dire qu'elle est « *d'abord sexuelle* ». Et qu'il n'est pas question de « *construire autre chose* ». Pascaline qui a mené une vie de patachon alors qu'elle était en couple avec un homme jaloux et sexuellement perturbé, précise : « *Pour lui, le sexe était très compliqué. Faire l'amour avec moi lui causait des tas de soucis et vraiment, ce n'était pas terrible. En plus, il était obsédé par le fait que je puisse le tromper. Ce qui me donnait envie de le faire, naturellement. Au moins, que je sois emmerdée pour quelque chose... Je l'ai donc trompé très agréablement et même à tour de bras, avec beaucoup de plaisir. Je trouvais cela très excitant, mais ce n'était que pour le plaisir. Il n'était pas question d'amour ni d'engagement. Le deal était très clair : on n'essayait pas de construire quelque chose. On ne vivrait jamais ensemble, pas d'engagement, pas d'obligation : le plaisir et la liberté* ».

Pascaline avait des amants de passage qui n'étaient pas des histoires d'amour, mais « *des expériences de sensualité* ». « *Je ne leur téléphonais que pour coucher avec eux. Nous vivions dans l'instant présent. Il n'était pas question d'autre chose : on s'éclatait, on vivait et on s'oubliait jusqu'à la fois suivante...* »

Ophélie établit une nette distinction entre une vie d'amour

avec son mari et des actes d'amour avec ses amants… De même Pascaline : *« J'ai toujours fait la différence entre l'Amour avec un grand A et l'amour physique »*. Il y a toujours eu le grand amour de sa vie, son mari et les petits aventuriers de son lit. Le philosophe Jean-Paul Sartre, uni toute sa vie à Simone de Beauvoir, avait un mot pour faire cette distinction. Il disait « *La Nécessaire* » et « *Les Contingentes* ». Plus respectueusement, Bertille la libertine, dit qu'elle aime passionnément chacun de ses amants. « *Quand j'arrive à l'hôtel. Quand je monte l'escalier. Quand je frappe à la chambre 61. Quand je le vois dans le lit, déjà couché… À ce moment-là, il devient unique au monde et unique pour moi. J'ai aimé chacun de mes amants, passionnément, mais le temps d'une fusion. Après, je ne les aimais plus.* »

Dans leurs bras comparés

« La première fois, j'ai découché en pensant que j'étais folle de chez folle, mais qu'il était impossible de résister à cet homme délicieux. Nous n'avons pas quitté l'hôtel du week-end. On mangeait, on faisait l'amour. Rigolades, on remangeait, on refaisait l'amour. J'apprenais l'amour physique comme on enlève un bas, par petites touches sensuelles et délicates. Il me disait que j'étais "un bon coup". Ce n'était pas très romantique mais j'étais contente. Avec lui, je pouvais suivre tous mes instincts. Je n'avais aucun tabou. Je faisais tout et j'y trouvais beaucoup de bonheur. Quand je passe devant cet hôtel, je pense avec ravissement à cet homme sensuel et délicat qui aimait les femmes et le sexe. Je n'avais qu'à suivre mes désirs, qu'à le laisser faire, qu'à me glisser dans cette chose grisante qui durait des heures. Mais personne ne peut comprendre ça... ».

La capote à picots...

Oui, l'amour physique est délicieux dans les bras d'un amant qui suit son désir, écoute le nôtre, qui aime la sensualité, la féminité, sa propre virilité. Dans les bras d'un homme qui se laisser aimer, approcher. Dans les bras d'un homme qui nous laisse exister. Cet homme est-il l'amant ou le mari ? Des femmes diront qu'elles sont curieuses, inventives dans les bras de leur homme, celui qu'elles aiment, en qui elles ont confiance. Avec lui seulement, elles peuvent s'abandonner sans frein, sans tabou. Dans ces bras tendrement aimés, elles se libèrent, se donnent, demandent, inventent, s'épanouissent sans peur du qu'en-pensera-t-il ? Pour d'autres, c'est le contraire. Elles « *se lâchent mieux* » dans les bras d'un homme « *dont on se fout* » : « *Je découvrais qu'on pouvait faire l'amour autrement que tous les six mois, en deux minutes dans la position du missionnaire. Qu'un homme pouvait aimer l'odeur de mon sexe, le goût de ma salive, qu'on pouvait adorer s'enfouir en moi par tous les orifices. Je découvrais que certains hommes ne sont pas dégoûtés par les femmes. C'était inouï. J'ai commencé à m'aimer et à penser que c'était lui, mon mari, qui avait un problème...»*

Mais les convenances, la bonne image de mère, d'épouse, les poncifs entre saintes et putains font, qu'au lit, on ne rit pas. Pourtant, la sexualité est un jeu qui rappelle l'enfance : ses caresses, ses rires, ses peurs mêlées de plaisir, son excitation et l'imaginaire qui galope.... Que manque-t-il au couple ? Parfois la présence : « *Il n'était jamais là* ». Parfois la tendresse : « *Jamais un câlin !* ». Souvent le rire : « *C'est la routine. On sait comment on fonctionne...* ». Ce que les femmes trouvent (et cherchent ?) dans l'aventure est-ce l'amour ou le sexe drôle, la capote à picots ? « *Dans mon quartier, il y a un sex-shop tenu par un type qui n'a pas la gueule libidineuse de l'emploi. Avant, c'était une boulangerie. Il est resté, en passant de la baguette au godemiché, avec un naturel confondant. Bref, j'y vais avec un copain-amant qui est fan de ces trucs-là. On les achète (chers d'ailleurs) on les pose sur la table et le jeu, consiste à dire : "à ton avis, à quoi ça sert ?" Un jour, il est arrivé avec une capote à picots, à pointes souples. Ces trucs-là, entre le moment où on les achète et le moment où l'on s'en sert, il se passe trois mois. Le temps de s'habituer psychologiquement à un outil sordide qui fait un peu tapin. À jeun et à froid, on se dit qu'on ne pourra jamais... Et puis, dans le feu du désir on ne se choque plus de voir fondre sur soi un gland vert salade ou un cerf, une capote à crête ! C'est super drôle l'univers du désir. On rigole, on s'éclate : soyons fous ! Sensuellement, c'est la révélation, car à l'intérieur les picots se couchent. Ils sont souples ! Et c'est une sensation extraordinaire, une sensation de délire, pas normale. Après, c'est la honte quand la femme de ménage, hyper maniaque, la reçoit sur la tête. D'un coup de plumeau, elle fait tomber le carton à chapeau où la capote est cachée. Heureusement, travailler dans le spectacle donne des excuses même si on est comptable : ces artistes tout de même ! Ils inventent de ces costumes ! Finalement, on ne jette pas. Pour les pannes de libido, avec l'amant. »*

La surprise, le mystère…

Si avec un mari, on a parfois de la fantaisie, il est un domaine sur lequel il ne peut rivaliser avec l'amant, c'est l'effet de surprise, la démultiplication des sensations que procurent la nouveauté, le mystère, l'inconnu. « *C'était le mariage d'une collègue. J'étais seule. Nous étions plus de trois cents. J'étais gaie. Je suis allée marcher dans le parc du château pour prendre un peu l'air quand j'ai entendu des pas, senti une main qui me tirait vers les bosquets. Le baiser était génial, à pleine bouche, lent, sensuel. On ne m'avait jamais embrassée avec… je ne sais pas comment parler de cette fougue et de ce savoir-faire mêlés. Je sentais son sexe dressé creusant le tissu de ma robe. Il devait être plus petit que moi. Il a commencé à me pétrir les seins. Il vibrait. Il était électrisé. C'était d'autant plus extraordinaire que je n'avais aucune idée de qui il était. C'était merveilleux de faire l'amour avec un homme qui n'existe pas. Aucune identité. Rien que des mains, un sexe, une jouissance. Aucune pensée parasite sur l'avant, l'après… Une expérience cosmique avec les étoiles pour ciel de lit. Du présent pur. Il s'est attardé, puis il s'est retiré lentement en murmurant : « Je vais partir. Garde les yeux fermés, ce sera mieux comme ça ». Je n'ai jamais su qui il était. Pendant des années, à chaque fois que je croisais un homme assez petit, trapu, je pensais que c'était lui. Souvent, j'ai fantasmé sur cette histoire, l'une des plus belles de ma vie…* »

Évidemment, aucun mari ne peut rivaliser avec cette mise en scène. Dans les bras de l'homme invisible, on s'abandonne à un plaisir d'autant plus délicieux qu'il est sans arrière-pensée, sans jugement et sans suite : on ne se reverra jamais. Voilà pourquoi sont perpétuées les fêtes masquées, ces occasions de défoulement collectif, ces bacchanales, ces carnavals du plaisir.

« *Faire sauter les convenances, se situer hors des règles, hors de la morale, hors de soi-même, hors du jugement et du regard des autres, sans préjugés, c'est une grande jouissance,* explique Dominique Zyngierman, psychanalyste. *Cela permet d'être vraiment ce que l'on est, profondément. On éprouve un sentiment de liberté. Sinon, on porte toujours un masque. Là se situe le paradoxe : mettre un masque pour mieux l'ôter. Se cacher pour se révéler...* » Ici, pas question de relations vraies. La recherche est de sensation pure. Intense comme peut en donner la pratique de sports extrêmes. Ainsi les jeux de séduction, la découverte de soi dans la parole et dans le regard de l'autre, la recherche des ressemblances et des différences, n'intéressent pas Catherine Millet. Ce qu'elle veut, c'est se fondre, se dissoudre dans le plaisir. Ne plus exister, n'être que « *Béance, cul, con avides d'être pris* ». Or, tout ignorer du «*baiseur* » favorise le lâcher-prise. Les sentiments gâcheraient son plaisir, mais quel plaisir ? Celui de s'évanouir dans l'extase, de se perdre, de se dissoudre.

On n'éprouve rien de tel dans les bras de l'homme aimé car il nous révèle, nous reconnaît. Dans ses bras, on ne se dissout pas. On existe deux fois plus fort. Dans une sexualité de bacchanales, on se perd. Dans l'amour, on se trouve. Dans un cas, s'instaurent gaîté et complicité autour de la transgression, de la débauche, de la folie des sens. Dans l'autre, on trouve la plénitude d'un échange, d'une rencontre, d'une relation profonde. L'homme de joie est interchangeable. L'homme de sa vie est unique. Ces sexualités différentes, sont éventuellement recherchées à des moments différents. Jeune femme coquine, on peut « *dissocier le cœur et le cul* ». À moins que la quarantaine ne libère de tous les tabous...

Les libertines font co-exister aventures et grand Amour. Avec l'homme de leur vie, la profondeur, le quotidien, les enfants. Avec l'homme de passage, la nouveauté, donc l'acuité. Pour Saphia, l'un n'empêche pas l'autre : « *J'aime à la fois rentrer le soir à la maison et partir en voyage...* »

Je ne sais pas ce qui m'arrive...

Mais est-ce que le voyage vaudra le détour ? On l'espère évidemment : « *Si on n'avait pas l'espoir qu'il soit un bon coup, on ne le mettrait pas dans son lit...* » déclare une amazone qui n'a jamais cessé d'être infidèle. *«On choisit les maris sur d'autres critères. Ils doivent être fiables, responsables, compagnons, équipiers. Pour les femmes comme moi qui ont eu, avant leur mariage, une vie amoureuse bien remplie, l'épanouissement sexuel ne fait pas forcément partie du contrat. Les amants, on les aime beaucoup moins que son véritable amour. Mais il faut reconnaître que sur le plan sexuel, ils sont assez doués. Sinon, à quoi bon ? Autant en faire des copains...* »

L'amant, bon amant ? On le fantasme, on le suppose, on l'espère. Que se passe-t-il une fois dans un lit ? Rassurons les maris ! Dans cette enquête, les extases valent les ratages. Une fois sur deux. L'amant fait rêver mais le meilleur moment n'est-il pas « *celui où l'on monte l'escalier* » ? Il faut dire que les femmes attendent ce moment béni avec tant d'impatience ! « *On y pense, on fantasme, on imagine et... J'avais cet homme dans la peau depuis des mois. Je lui avais déjà fait l'amour cent fois en pensée et à ma façon. Depuis quarante-huit heures, c'était pire ! Je brûlais. Je m'ouvrais. C'était inouï. Depuis quarante-huit heures, j'avais cet homme dans le corps, dans les sens, dans la tête. Comparativement, l'orgasme n'est rien. Oui, on ne peut être que déçue quand on a tant rêvé. Rien ne se passe tout à fait comme on l'avait imaginé* ».

Déception aussi du côté d'Esther, une blonde canon. Trente ans, une ligne parfaite, l'air mutin. Un mari, deux enfants, un naturel, un sourire de môme. Fondante ! À force d'entendre tous les jours à la maison à quel point elle est moche : « *T'aurais pas un peu grossi !* » et bête : *« Tu ne comprendras jamais comment fonctionne un lave-vaisselle !* », elle s'installe dans d'autres bras : « *Quand je fais l'amour avec eux, c'est là que ça se gâte. On se retrouve chez un de mes copains qui me prête ses clefs.*

On sait pourquoi on est là avec fébrilité, impatience et angoisse : comment faire l'amour la première fois ? Est-ce qu'il va me trouver assez belle, remarquer ma cellulite ? Est-ce qu'il va aimer mon odeur ? On a une terrible inquiétude sur soi. On se déshabille et trois fois sur trois, c'est la cata. Ça dure très exactement deux minutes. Ensuite, on se trouve tout bêtes. Je me souviens qu'un jour pour mettre un peu d'ambiance, je lui ai demandé s'il savait jouer aux... échecs ! »

Pour s'en sortir, une seule solution, le dialogue et l'humour. L'un des hommes d'Esther a eu la bonne idée d'expliquer qu'il était débordé par ses sentiments, ses émotions. Sa tête était dans une telle ébullition que son corps ne pouvait pas suivre. « *Je l'ai remercié. Pour une fois que le type ne me disait pas : excuse-moi. Je ne sais pas ce qui m'arrive...* » Et puis les amants ne tardent pas à avoir les mêmes défauts que les maris. Bientôt, ils ne font plus d'efforts pour séduire : « *Rendez-vous dans un troquet pour un sandwich. Puis l'hôtel glauque. Dans la chambre, il n'en fait qu'à sa tête. Peu importe ce que moi je veux. Ce que moi j'aime. Monsieur baise. Monsieur tire un coup et puis s'en va* ».

Le mari zappé ou… interpellé

C'est avant l'infidélité que le mari est interpellé. Avant l'infidélité que les femmes rêvent et se plaignent. Avant l'infidélité qu'elles travaillent la relation pour la faire évoluer. Qu'elles font des concessions. Qu'elles se donnent un mal de chien pour que leur mariage soit heureux et leur homme à la hauteur de ce Prince Charmant qu'elles avaient cru épouser. L'analyse des conversations conjugales montre qu'elles crient, pleurent beaucoup plus que leur conjoint. Certes, elles s'y prennent mal mais elles en font beaucoup et longtemps pour le couple et la famille. Et puis un jour, elles craquent. Elles tombent dans les bras d'un autre qui leur apporte la douceur, la générosité, un peu de reconnaissance pour le mal qu'elles se donnent, de l'intimité, du partage, de la solidarité pour les soucis qu'elles ont avec les enfants ou au travail, de l'amour quoi !

Heureuses, ça n'empêche pas…

Que les femmes infidèles soient délaissées, négligées, malheureuses, ce n'est pas nouveau. Qu'elles s'épanouissent dans leur couple ET dans l'infidélité l'est plus. Quand Raimu incarnait un mari cocu dans *La femme du boulanger*, on comprenait. Il était trop vieux, trop moche, trop épais pour sa jeune et jolie épouse. Une mésalliance de l'âge et de la jeunesse. Deux contre-nature ! Rien à voir avec nos unions fondées sur l'amour. Alors, pourquoi tromper cet homme qui fut idéal et choisi ? Le cinéma, la littérature, la télévision l'expliquent bien : la Tentation ! Comme l'île du même nom. Voyez le film *Infidèle* avec Richard Gere dans le rôle du mari trompé. Sa femme est bien dans sa peau, son couple, sa famille, son mode de vie. Elle est riche, donc comblée, nous sommes aux États-Unis. Et pourtant…

Un jour de tempête, par un pur hasard, elle « *tombe* » au propre comme au figuré sur un jeune Français. Grâce à son irrésistible charme de *« latin lover »*, il la relève et l'enlève pour de fougueux ébats. Aujourd'hui parfois, on ne cède plus parce qu'on est malheureuse, mais parce qu'on est sensuelle. On craque. Une impulsion, un désir, une rencontre... Laissons faire le désir. Son homme ? Oublié, ailleurs, dans une troisième dimension. On ne trompe pas, on zappe. On change d'homme comme on change de chaîne pendant la pub. Par curiosité, pour se distraire mais sans avoir l'intention de rater la fin de son film.

Tout de même, zapper Richard Gere ! On a du mal à y croire. Comme son personnage dans le film ! Il cherche quantité de raisons profondes à l'infidélité de sa femme. Qu'a-t-il fait pour mériter cela ? Elle ne l'aime plus ? Elle n'aime plus sa vie à la campagne ? Elle s'ennuie ? Elle veut retravailler, retourner à la ville ? Non, il s'agit d'un coup de fil qui entraîne un rendez-vous, qui entraîne un baiser, qui entraîne dans un lit. Il n'y a pas de « *raison* ». Il n'y a que des pulsions. Ce jeune homme la tentait, c'est tout ! Du zapping, juste un changement de chaîne, une autre manière de câbler. pas de quoi fouetter un chat !

Évidemment, parfois ce qui passe sur l'autre chaîne est tellement bon, tellement intéressant qu'on s'y attarde un peu. Néanmoins, c'est encore du zapping. C'est-à-dire un extra, un supplément, un ailleurs, ne changeant rien au fait que sa vraie vie, son vrai film, son socle, sa base sont à la maison. Autrefois, on parlait des maris qui avaient l'art de « *cloisonner* » entre leur femme immuable d'un côté et leur maîtresse, leur danseuse de l'autre. Entre les deux, une étanchéité parfaite. Deux vies, deux mondes, deux relations. Eh bien, les femmes que l'on dit si passionnées et sentimentales se mettent au zapping amoureux, exactement de la même manière : « *Mon mari ? Mes enfants ? Mais c'est justement l'intérêt de l'aventure. J'arrive enfin à ne plus y penser du tout. Enfin, je suis sans « autres », sans banlieue, sans sacs de courses et de soucis ! Enfin, je vis, je m'éclate. Et vous savez quoi ? C'est exactement pour ça que j'y suis !* »

Chéri on se noie !

Certaines femmes « *trompent comme on va au cours de poterie pour élargir leur horizon* ». D'autres lancent un appel au secours : « *Chéri, on se noie ! Repêche-nous !* » À moins qu'elles ne disent : « *C'est foutu !* » Clarisse a essayé pendant sept ans de faire dire un mot tendre et personnel à cet homme froid et réservé qui était le sien et qu'elle aimait tant. Elle éprouvait un besoin vital de partage, d'échange, d'intimité, enfin de quelque chose qui distingue les relations mari et femme de simples relations de bureau. Bien longtemps après leur séparation, il lui a avoué : « *J'ai beaucoup souffert quand tu m'as quitté !* » Ah bon ! Pas un battement de cil chez ce grand homme raide et mince, d'origine hollandaise. Pas un mot indiquant une souffrance ou un état d'âme. Elle le savait en l'épousant, direz-vous. Oui mais les femmes rêvent que leur amour peut tout. Y compris bonifier parfois – au sens de rendre plus aimant – l'égoïste, le macho qu'elles finissent par tromper… Au bout de cinq ans de mariage, précisait le rapport Hite, les hommes cessent de faire des efforts. La naissance des enfants change souvent la donne de l'amour. Et les compagnons en hommes qui se défilent devant les biberons, les couches, les pleurs et devant une femme parfois abîmée, fatiguée par un bouleversement physique et psychique de neuf mois et plus.

En général, les maris zappés ne remarquent rien. Leur femme ne change pas. Elle ne vit pas une relation qui la « *révolutionne* ». Juste une petite partie de plaisir mettant de bonne humeur. Elle est heureuse, mais c'est habituel. Pas de quoi s'étonner, soupçonner. En revanche, lorsqu'on finit par « *coucher contre* » son homme, parce qu'il a refusé d'entendre des plaintes, des revendications maintes fois formulées, alors les joues rougissent, les nez remuent. Alors, les femmes se prennent les pieds dans le tapis de leurs frasques pour qu'il en sorte un peu plus de bonheur… conjugal. En écrivant ces mots, on se rend compte que cette méthode n'est pas la meilleure. Mais elle est celle qui se propose à cet instant-là. La suite dépend du conjoint (si mal ?) interpellé. Compréhensif, à l'écoute… il sauve le couple. Encore plus macho, encore plus distant, il le coule.

Quand l'amant dope le couple

Pour plaire à l'amant, elle fait des efforts de coiffure, d'élégance, de minceur… qui profitent évidemment au couple légitime. Du moins si le désir de faire l'amour avec son mari persiste. C'est le cas chez Noémie, 52 ans, opérée des paupières, relookée, rajeunie depuis sa rencontre avec un Adonis de 17 ans plus jeune qu'elle : « *Je ne sais pas si ce garçon cherchait une maman mais, si c'est le cas, quel Œdipe ! Croyez-le ou pas, il m'a fait découvrir le plaisir à 49 ans. Personne ne m'avait jamais sautée comme ça ! Jusqu'à trois fois dans l'après-midi. Quand je sors de son lit, je suis crevée mais je me sens plus sexy qu'à 20 ans. En fait, quand je sors de ses bras je me taperais bien la terre entière et pourquoi pas mon mari (non, je blague). Je suis devenue une bêêête ! Des scrupules ? Sûrement pas ! Dans les bras de mon mari, penser à mon amant, mais c'est le seul moyen... D'ailleurs, il est ravi de me voir « renaître ». Jamais il ne m'a connue si entreprenante. Je prétexte que je me sens beaucoup plus disponible depuis le départ des enfants. Personne n'est dupe, mais tout le monde en profite…* »

Tu me fuis, je te suis…

L'amant donne confiance en soi. Il fait des compliments. Il émoustille. Et le mari, en sentant que sa femme a du désir (même un désir venu d'ailleurs), retrouve le sien. Comme si l'envie de faire l'amour se propageait, telle une onde de soleil, sur des corps endormis par la routine… Un jour un collègue de Constance l'embrasse dans la voiture. Le résultat ? Jamais son mari ne s'est montré empressé à ce point. En grimpant dans l'ascenseur, elle est toute enflammée. Et encore dans l'entrée. En la croisant dans le couloir, son compagnon qui doit sentir quelque chose, commence à lui caresser les seins. « *Il a voulu m'embrasser, terminer le travail* » se souvient-elle en riant. Son explication ? « *On ne désire jamais que ce qui est désiré* ».

Et puis être désirée met de bonne humeur. Noémie sort des bras d'Adonis, radieuse : « *On me drague dans la rue ! Avant, je virais femme frustrée, ménagère de plus de cinquante ans n'ayant pour perspective que la ménopause et le lifting. À côté de moi, un homme limite bedonnant, chauve et bientôt papy. Et puis Adonis est arrivé, j'ai eu vingt ans. De vivre avec une « jeune fille », papy s'est senti rajeunir... et sans Viagra. Et nous voilà en forme tous les deux, tous... les trois. Heureux d'avoir la pêche et tout confiants dans notre pouvoir de séduction. Si les petits jeunes ne sont pas assez malins pour comprendre que je suis un bon coup, tant pis pour eux. Voilà ce que je pense depuis qu'un jeune homme me fait l'amour...* » Noémie rouspétait devant son miroir, ses casseroles. Elle se demandait à quoi elle allait occuper le reste de sa vie : préparer la pitance d'un ronchon vieillissant, soigner ses bobos, jouer les mamies gâteau (après cinq enfants, merci !). Elle aurait pu devenir désagréable. Mais n'en parlons plus, elle va très bien et son couple aussi.

Quand l'amour redope sexuellement le couple, c'est pour deux raisons : la première, il met ou remet du désir sexuel en circulation. La deuxième, il crée une respiration. Il introduit de l'incertitude, du doute, de la distance révélant que le couple n'est pas immuable, que personne n'est propriétaire de son conjoint, que l'union suppose la désunion possible. Or, le désir naît de l'insaisissable. De ce qu'on ne pourra jamais connaître, ni posséder. Du mystère et de l'inconnu. Là, se crée le désir, l'envie de fusion et d'intimité. Introduire un tiers au cœur du couple, crée une rupture, une mise à distance qui renouvelle le désir et le regard porté sur sa femme. Finalement, la connaît-on si bien ? De Noémie, son mari croyait tout savoir. En la voyant changer, il se met à douter, à la regarder autrement, moins comme SA femme, plus comme quelqu'un... qui lui tourne un peu le dos et qui pourrait se passer de lui. Or, vous connaissez la célèbre loi de l'amour : « *Fuis-moi je te suis. Suis-moi je te fuis*... » Le mari sent que sa femme lui échappe. Cette échappée donne envie de lui courir après, éventuellement de lui sauter dessus.

Ça répare ou ça... sépare ?

De son propre aveu, Chimène est mariée à un emmerdeur. Très beau, mais très star. Le genre : « *Tu les aimes mes pecs ? Et mon sexe, tu l'aimes mon sexe ? Et mes tablettes de chocolat, tu les aimes ?* » Quand il en a fini avec sa plastique, il passe à ses exploits sportifs, puis à ses com' de commercial génial : il vend ses assurances comme des petits pains. Il faut dire que ces yeux verts dans cette bouille de môme, ce charme de sale gosse maltraité par la vie (en fait, il a été pourri gâté. On ne prête qu'aux riches, même en affection !). Bref, Raphaël donne envie de défroisser sa moue et le reste.

Au premier regard, Chimène l'a aimé follement et... réciproquement. Du haut de son mètre quarante-huit, quarante kilos, elle en est encore sous le choc. Elle lui a passé la bague au doigt comme on conquiert la Toison d'or. Le jour de son mariage, elle était la femme la plus heureuse et... la plus inquiète du monde : « *Un jour, il se rendra compte qu'il a épousé un thon mais, en attendant, profitons du Prince Charmant* » résumait son état d'esprit.

J'ai eu si peur de te perdre...

Un, deux, trois ans ont passé à admirer son Raphaël sous toutes les coutures, physiques, sexuelles, professionnelles... Puis un bébé est né et il est devenu presque ridicule. C'est tout juste s'il ne réclamait pas le biberon quand « le petit » accaparait sa mère. Chimène a cessé d'avoir les yeux de son prénom. Cet égocentrisme, ces vantardises ! C'était digne d'un bébé, pas d'un homme, encore moins d'un père... Heureusement (si l'on peut dire !) Bruno est passé par-là. Retraité, en pleine activité sexuelle. Un coureur de jupons très expérimenté. Il a du savoir-faire et aucun mal à glisser sous sa couette cette jeune mère dépossédée d'elle-même.

Elle en ressort en pleine panique : « *Et si Raph l'apprenait ? Et si Raph la trompait ? Et si Raph la quittait ?* » Elle rentre à la maison prête à débiter la plus longue liste de compliments qui se soit jamais déroulée aux pieds d'un homme aimé. Depuis trois mois, elle est aux petits soins. Du coup, son Raphaël ne considère plus tout à fait son bébé comme un rival. Ni sa femme comme une ingrate de l'avoir trompé… avec l'enfant, s'entend. Eh oui ! le paradoxe est qu'en trompant son mari, on craint de le perdre. Après tout, l'amant pourrait se dévoiler, faire scandale. Ou Raphaël, tromper à son tour. Faire l'amour avec un autre, c'est quitter un peu. Cet éloignement crée tant d'angoisse quand on aime que l'on revient chez soi en courant et … en aimant, deux fois plus.

Le couple se soude quand la comparaison mari-amant penche en faveur du premier. On le détestait, on lui trouvait tous les défauts de la terre et puis l'amant arrive. On croit au Prince Charmant mais… il y a vraiment erreur sur la personne. Du coup, ce mari n'est toujours pas l'homme idéal, mais il présente quelques avantages. La littérature regorge d'épouses infidèles, bien contentes finalement, de retrouver le doux bercail. En effet, dans les bras d'un amant on prend la mesure de son époux. Mais son exacte mesure dans les moins et dans les plus. Dans ses défauts et ses qualités.

Appelons-la Emma puisqu'elle est une sorte de Bovary. Elle juge son homme falot, sans envergure, sans voiture de sport, sans ambition. Il est petit commerçant. Il a du mal à joindre les deux bouts alors qu'elle rêve de voitures, de voyages, d'Égypte surtout, la Vallée des Rois. Un petit marlou lui tourne la tête un jour à une station service. Il emplit le réservoir d'une vieille Porsche empruntée à un copain (ce qu'il n'a pas dit). Elle est éblouie. Elle accepte un tour. Et plus… sans savoir qu'elle est une conquête de plus dans un « *océan de nanas* » séduites, prises et oubliées. C'est un jeu pour lui, une idylle pour elle. Elle finit sur le carreau, virée, congédiée mais pas remerciée. Une dernière fois elle lui téléphone pour savoir exactement où il en est, si elle compte un peu pour lui. Le goujat s'amuse : « *Emma ? Tu sais j'en connais plusieurs. Ah ! c'est toi (le ton se fait las). On se rappelle plus tard ?* »

Il faut toute la force de persuasion de ses copines pour lui faire bien comprendre que cet homme-là n'a pas *« peur de l'engagement* » mais que, tout simplement, il s'en fout. Après des torrents de larmes et un détour chez le psy, elle finit par l'admettre. Quel soulagement alors, de retrouver son Charles, son adorable, son immuable Charles. Lui au moins, ne la plaquera pas. Elle l'espère en lisant Flaubert. Non, ce n'est pas vrai. Elle ne lit pas Flaubert. Mais elle devrait ! Pour voir comment finissent les Bovary et toutes les femmes qui rêvent trop.

Ainsi, j'avais besoin de *ça !*

Plus souvent, hélas ! l'amant s'infiltre là où manque l'époux. Il panse ce qui est douloureux. Il libère ce qui est empêché. Mais en les comblant, il souligne et amplifie les insatisfactions conjugales. Le remède révèle la maladie. Il creuse le mal. Sexuellement, son amant la réveille et elle comprend, un peu honteuse, qu'elle « *a besoin de ça !* » Alors qu'il lui demandait comment elle se sentait après l'amour, elle avait répondu sobrement (sans comprendre qu'il espérait plutôt des compliments) : « *À ma place !* ». Autrefois, on disait des femmes adultères qu'elles avaient eu un « *moment d'égarement* » (entendez un moment d'égarement du côté du désir et du plaisir). Aujourd'hui, on pencherait plutôt pour un moment de vérité permettant au vrai Moi de comprendre et d'exprimer ses besoins enfouis...

Autre genre de « *révélation* » Laurence comprend dans les bras de son amant-compagnon avec lequel elle parle de la pluie, du beau temps, de ses petites maladies, de l'augmentation du coût de la vie, de ses enfants et de l'émission de télé de la veille au soir, qu'elle crève de solitude dans sa vie à elle. Le soir, son mari rentre du bureau vers 22 heures. Fatigué, il refuse qu'on lui « *casse les pieds* » avec les affaires courantes. Sa femme ne travaille pas. Qu'elle se débrouille, elle est là pour ça ! Le week-end, entre jogging et club d'échecs, il n'est pas plus disponible. D'ailleurs que dire à une femme ? Les machos s'interrogent parfois. Lui, même pas ! « *T'as prévu quoi pour ce soir* ? », est la seule question un peu personnelle qu'il pose à sa femme. Heureusement, son amant est pour elle, comme un… mari.

On découvre dans l'aventure extraconjugale ses manques et ses besoins profonds : faire l'amour pour Katia, avoir un compagnon qui s'occupe d'elle pour Laurence, être aimée c'est-à-dire se sentir intéressante pour Clémence. D'autres femmes étouffent dans un rôle, dans des habitudes. Être maman, bien sûr ! Aimer un homme, évidemment ! Mais il leur faut de l'air, élargir leur horizon humain et relationnel. S'ouvrir à d'autres temps, d'autres mœurs. Les amants sortent de l'ordinaire. Ils sont chiliens, italiens, retraités, beaucoup plus jeunes, des hommes à femmes… Ils représentent *« un univers »* à eux tous seuls. Le français vise juste en créant cette image : *« aller voir ailleurs... ».* Même l'amant-mari de Laurence, qui la soutient dans les coups durs et au quotidien, représente un « *ailleurs* » pour cette épouse si seule dans la vie à deux.

Ça aide « à tenir ! »

Voyez ce qu'apporte l'amant. Et vous saurez ce qui manque au couple. Ainsi pourraient se résumer les infidélités du malheur. Un malheur relatif. Sinon il y aurait rupture, mais un malheur tout de même sourd, non dit, caché de mille manières : derrière les enfants, dans le travail, devant la télé qui ne s'éteint jamais. L'amant est l'homme qui permettrait de dire : « *Bas les masques tout le monde* ! » On arrête de jouer la comédie, on met tout à plat. On va partir ou rester, mais autrement. Ce pourrait être l'avantage de l'aveu. Mais dans ce livre et dans la vie, on entre plutôt dans le double-je. Son rôle éternel devant l'époux. Soi-même (ou en tout cas un nouveau, un autre soi-même) devant l'amant. Oh ! Bien sûr, l'adultère dans les bras d'un autre homme – si comblant, si parfait d'abord – fait entrevoir le paradis. Comment revenir sur terre, dans son quotidien, sans souffrir trop ? La solution : le fantasme. On rêve d'un autre homme, d'une autre vie, d'un idéal entrevu, mais on reste à la maison parce que cette idée, cette image, aide à tenir dans sa vie à soi.

Mélodie s'est efforcée de voir la vie en rose pendant dix-sept ans. Avec son mari, elle fait l'amour en cinq minutes deux fois par mois. Pour le supporter, elle se dit qu'elle n'a pas besoin de plus. « *Ça lui suffit !* » Dans la même veine, jamais un cadeau, une attention, un geste de tendresse. Mais « *Il est comme ça, très réservé, c'est sa nature* ». D'ailleurs, elle aime ce genre de personnalité. Elle n'aime pas les gens « *qui en rajoutent* ». Elle ne peut pas renverser un verre, donner un coup de frein brutal, oublier d'acheter du pain, sans qu'il hurle : normal, elle « *manque de rigueur* ». Même un amant ne pourrait pas faire grand chose pour cet ego au-dessous de zéro. Elle découvre dans leurs bras qu'un homme peut être gentil, tendre, désirant… Mais Mélodie restera Mélodie, humble, soumise, masochiste ? Ou maman responsable ? Jusqu'à cette goutte d'eau qui fera déborder le vase. Jusqu'à la vraie rencontre de sa vie qui lui donnera la force de se dégager d'un couple mort depuis longtemps. Pour supporter son ours odieux, elle s'accroche à une vieille passion, un ami d'enfance retrouvé par hasard. Il lui débite les balivernes d'usage : « *Nous étions faits l'un pour l'autre, mais nous étions trop jeunes…* » Elle n'en gardait aucun souvenir, mais elle avait tellement besoin d'y croire ! Elle s'est inventé des « *signes* » qui ne trompent pas : leurs prénoms commençant par la même lettre M comme Mélodie et Michel, Gémeaux tous les deux, amoureux de la nature (comme si c'était rare !), sympathisants de José Bové ! Et les chats, les oiseaux, les animaux en général… une passion ! De quoi ronronner, roucouler ensemble ! Enfin, roucouler est un bien grand mot. Ils sont coincés dans le grenier, pressés, rouges de désir. Il lui arrache la jupe. Elle enroule ses jambes autour de ses reins. Trois va-et-vient et c'est fini ! Michel honteux, rentre vite chez sa femme…

Depuis, Mélodie chante toute seule allongée sur son lit, la main entre les cuisses, en pensant au seul homme qui, en dix ans, l'a désirée sans se faire prier. Grâce à ce fantasme, elle tient encore sept ans «… *dans cette existence de merde, en pleurant plutôt moins qu'avant. Il m'a permis de combler tout ce qui était vide en moi et de rêver beaucoup. Dans ce désert affectif, sensuel, sexuel où je me trouvais, le fantasme de Michel me prenant dans le grenier apportait une vibration, du plaisir et une lueur d'espoir : il y avait d'autres hommes, d'autres vies possibles* »… Leur trajet en voiture. Lui, excité à s'en faire exploser la braguette… Ce film, elle le repasse en boucle en mangeant, en repassant et pour se consoler, quand son mari la trouve « *complètement nulle* » ou qu'il ronfle à ses côtés : « *Le fantasme nourrit, porte, donne de l'énergie. Il transporte tellement qu'à la fin, il n'a même plus de rapport avec le réel tant il est aménagé, enjolivé, personnalisé. D'ailleurs, peu importe qui, peu importe quoi. L'essentiel ? Que ça shoote !* »

On s'en fout un peu…

Que l'amant éloigne de son couple quand on y crève de malheur et d'ennui est-ce une bonne chose ? Mélodie aura mis dix-sept ans (dont sept un peu moins pénibles que les autres grâce à l'idée de l'amant) pour fuir un homme qui la rabaissait et l'éteignait à petit feu. Plus délicates sont les situations où « *l'on aime encore son mari* », ces situations dans lesquelles l'infidélité correspond à une crise conjugale ou personnelle passagère ou à une rencontre dont on ne veut pas se priver. Car on risque d'y laisser son couple « *bêtement* » dira-t-on par la suite. Pourquoi ? Parce qu'il est difficile d'être au four et au moulin. « *Quand on a un autre homme dans sa vie, on "travaille" moins son couple* », constate Agathe. On devient plus patiente. On ferme les yeux sur des « *détails* » qu'il ne faudrait pas laisser passer : « *Quand ça va mal avec son homme, on s'en fout un peu, puisqu'on a l'amant. Mon compagnon devient un peu désagréable ou macho, hop ! je me tais et je pense à l'Autre avec un grand A comme Amour, aux moments géniaux qu'on va passer ensemble, au rendez-vous qui arrive bientôt. On déplace ses priorités, son centre d'intérêt. On ne fait plus vraiment d'efforts pour bien s'entendre, pour bien faire l'amour puisqu'on a un joker. Il ne veut pas entendre, comprendre, aimer ? Tant pis, on a moins besoin de lui. L'infidélité est une histoire à double rebond, bénéfique au premier, car on allège les échanges. Dangereuse au second, car on prend de la distance. On ne cherche plus à écouter ni à se faire connaître. On évite les disputes constructives qui remettent les pendules à l'heure. L'amant est un formidable pis-aller. Il évite de s'interroger. Faire l'amour avec son mari devient moins important. La séduction ? On ne nourrit plus le jeu amoureux de la même façon. Et l'on est moins sur la même longueur d'ondes. Il a sa vie, nous la nôtre. Et sans lui ».*

Le problème avec l'amant est qu'il parasite les signaux naturels du couple indiquant qu'il est urgent de se retrouver ou de lâcher du lest. On trouve des solutions externes à des querelles internes. L'amant est-il une fausse bonne solution qui limite les conflits peut-être, mais n'arrange rien ?

La force de rompre

En effet, l'amant révèle les insuffisances du couple, les manques du mari, les insatisfactions personnelles. Dans ses bras, on se connaît mieux. On découvre ce que l'on veut et ce que l'on vaut. Mais de retour à la maison, que faire de ces découvertes ? Elles font de nous une autre femme généralement demandeuse d'une autre vie. Certaines, comme Éva, rentrent à la maison regonflées à bloc, en ayant le courage « *d'oser être soi* ». Avant l'appui du deuxième homme, Éva se plaignait. Elle était malheureuse. Elle voulait exister. Elle voulait travailler. Avec l'appui du deuxième homme, ses demandes se font encore plus précises : elle veut reprendre un travail, avoir le droit de recevoir ses amis. Mais son mari sait ce qu'il faut à LA femme : des bijoux, des enfants, une télé et un orgasme au moins trois fois par semaine. Elle a tout, de quoi se plaint-elle encore ! Éva, une femme inédite, singulière (comme toutes les autres) veut être elle-même, c'est-à-dire fragile, pleine de doutes et de désirs. Elle se sent multiple. Étienne, son mari, la voit d'un bloc. « *Dès que j'ai connu Armand, j'ai su qu'il ne restait plus rien de mon amour pour lui. Enfin, j'étais reconnue pour le plus intime de moi. Pour ce que moi je connaissais de moi. Il aimait aussi ce que je préfère le plus de moi-même et qui est mon côté le plus vulnérable* ». *Moi, moi !* Notre chère Éva rattrape le temps perdu. Voici douze ans qu'elle n'a plus le droit à la parole, à une vraie parole, celle qui permet (est-ce vraiment la mer à boire ?) de dire sans être reprise qu'elle aime le bleu *(lui aime le rouge*), qu'elle a envie de travailler (*pourquoi ça, elle a tout*) et de voir sa copine Suzanne (*il la déteste*). Dans certains couples, l'affirmation de soi relève de l'insulte ou du sacrilège. Exit Étienne !

Petits arrangements avec la culpabilité

On lit un peu partout que les femmes infidèles trompent désormais leur mari « *sans aucune culpabilité* ». Pourtant, les silences, les petits rires gênés, la honte d'en parler prouvent que le tabou reste fort. Sous les airs bravaches, se cache une certaine dose de mauvaise conscience. Néanmoins quelque chose a changé et ce « *quelque chose* » est le droit au plaisir que les femmes s'accordent ! Certaines ne voient plus au nom de quoi se l'interdire. Au nom de l'amour ? Bien sûr, il ne s'agit pas de faire souffrir, de raconter à son homme le plaisir pris dans les bras d'un autre. Mais sinon, en quoi l'amour pâtirait-il du plaisir pris à vivre fort et à en jouir ? Au nom de la vertu ? Des balivernes de bigotes. Au nom de l'engagement ? Oui, mais de l'engagement à quoi ? Clara a promis de tout faire pour que son homme soit très heureux de leur belle relation. Elle n'a jamais promis de brider ses propres désirs…

Au plaisir, j'y ai droit !

Ce droit au plaisir étant vécu comme une conquête légitime, certaines femmes brandissent leur infidélité comme un trophée. Oubliant que l'adultère est vieux comme le monde, elles se sentent pionnières, militantes. Écoutons Huguette, 66 ans, une habituée de la cause des femmes. Elle défendit leur droit à la pilule, puis à l'avortement dans les années 60-75 : « *Il est très important de défendre le droit des femmes à l'aventure extraconjugale. Ce droit est une barrière élevée contre tous les intégrismes, tous les sexismes, tous les fascismes. Les dictatures sont toujours féroces face à l'adultère féminin. Dans la Chine ancienne, les femmes infidèles étaient enterrées vivantes dans le cercueil de leur amant. Elles étaient prises pour des sorcières.*

Aujourd'hui encore, on exécute des femmes en public, on les lapide, on les met au ban de la famille et de la société, pour avoir osé disposer d'elles-mêmes. En France autrefois, on les fouettait publiquement. En Angleterre on les marquait à l'épaule, au fer rouge de la lettre A. Il n'est pas question de tromper son mari, quelle horreur ! Mais de défendre le droit de vivre son corps à sa manière, comme on l'entend... »

Pratiquée dans cet esprit de conquête, l'infidélité semble une partie de plaisir mangée sur le dos des coincés, des rigides, des puritains. Quel bonheur – quand ils sont si tristes – d'être des « *femmes de joie* ». Elles se débauchent. Elles font la fête. Elles s'amusent avec l'un avec l'autre. On dirait des gosses toutes fières de découvrir avant les autres que le Père Noël est passé. Elles se sentent en avance ! Elles sont les premières à pratiquer les « chats » coquins sur Internet. À oser entrer dans un sex-shop. À essayer des godemichés en pouffant. Avec le sourire, ces libertines mariées cachent éventuellement leurs amants, mais pas leurs idées. Emboîtant le pas à tout un courant érotico-libertin, elles sont « *pour une bienheureuse infidélité* ». Elles détiennent, croient-elles aussi, une forme de vérité sur ce que doit être une femme libre et heureuse dans une vie à deux et plus si possible...

Ainsi, Pascaline ne se sent coupable de rien quand elle franchit la porte de son immeuble, tantôt avec un grand beau brun genre géant des îles, tantôt avec un cadre élégant aux tempes soigneusement grisonnantes. Sous les yeux de sa gardienne éberluée, elle se sent bénie des dieux. Pensez donc, deux hommes formidables se battant pour l'aimer à plein temps, tandis que tant d'autres femmes de son âge (la quarantaine et un peu plus) rament pour en avoir... zéro. De la culpabilité ? Non, de la joie, de l'enthousiasme surtout : « *J'étais une semaine avec l'un, une semaine avec l'autre. La gardienne en me voyant passer observait : "elle est vraiment jolie cette jupe. Si j'étais votre mari, je me méfierais..." D'avoir le culot de faire ouvertement ménage à trois, je rayonnais de plaisir. Il était très joyeux de transgresser une façon d'être. Non seulement j'avais deux hommes, non seulement je prenais doublement mon pied, mais en plus j'avais le culot de m'afficher sans aucun complexe ! »*

Pas le temps de penser !

Le plaisir est plus fort que la culpabilité. Et puis l'amant prend un temps fou. Entre le coiffeur, l'esthéticienne, les nouvelles fringues, les nouveaux strings, son parfum et le choix de la couleur de son rimmel ou encore les textos, les e-mails, les coups de fil à passer, les cadeaux à choisir… Aurore consacre la totalité de ses RTT à préparer, soigner, rêver ses grands rendez-vous. Ajoutez l'éducation d'une petite fille de trois ans et le temps passé à être « *encore plus gentille* » avec Chouchou – tant elle s'effraie de perdre le mari depuis qu'elle a l'amant. Aurore n'a pas de temps pour la mauvaise conscience. Les questions soulevées par l'infidélité, occupent toutes ses pensées : « *Est-ce qu'il m'aime ? Est-ce que je lui plais ? Est-ce qu'il pense à moi ? Pourquoi il ne répond pas ? Est-ce qu'il en a d'autres et sa femme, comment elle est sa femme ?* » Voilà pour les questions concernant l'amant. D'autres se posent à propos du mari : « *Qu'est-ce que je fais avec lui ? Est-ce que je l'aime encore ? Mais si je l'aimais encore, est-ce que j'aurais envie d'aller voir ailleurs ?…* » Certaines s'interrogent d'autres constatent : « *Incapable d'aimer, de rendre une femme heureuse* ». Écoutons Karine, 47 ans : « *Rien à attendre de lui ! On a découvert que j'avais un problème d'oreille qui pouvait me rendre sourde. Quand je l'ai dit à mon mari – dois-je préciser qu'il travaille dans le milieu médical ? – il s'est exclamé : eh, bien ! quelles vacances. Je suis pourtant dure à cuire, j'en ai pleuré pendant trois nuits. La quatrième, je m'éclatais dans un autre lit (un vieil amoureux) en pensant que mon salaud de mari l'avait bien mérité* ».

Bien fait pour lui !

« Bien fait pour lui !» voilà la meilleure arme anti-culpabilité. Les femmes investissent tant sur le couple, qu'elles donnent beaucoup et longtemps à la relation conjugale, avant de renoncer à la faire évoluer. La plupart estiment en effet, avoir été très patientes, avoir fait des concessions, des efforts pour que les choses s'améliorent, pour comprendre et se faire comprendre. Comme rien n'a changé, elles ont *« fini »* par craquer ! Autrement dit, si leurs maris n'étaient pas violents, agressifs, pingres, négligents, absents… jamais elles n'auraient trompé. Vrai/Faux ? Manon, 36 ans, a mené une double vie pendant onze ans. Quand on lui demande si ses copines ont des amants, elle répond « *Oui, toutes !* » Et quand on lui demande comment elle l'explique, elle répond avec un humour désarmant : « *Qui se ressemble s'assemble !* » Tout ceci pour la présenter comme une sorte d'experte en infidélité féminine. Or quel est son diagnostic sur « *la faute* », ses raisons, ses justifications ? « *Toutes ces nanas ont un truc qui déconne avec leur mec, en général depuis le début. Il est absent. Il est sérieux. Sexuellement, bof ! Il ne colle pas à l'image qu'elles se font d'un mari. Il n'est pas l'homme qu'il leur fallait. Elles ont très vite vu qu'il ne pouvait pas convenir. Du coup, elles s'autorisent à aller voir ailleurs, en rendant l'autre responsable de leur propre incompétence affective. Puisqu'elles ne peuvent pas l'aimer, elles « ont bien le droit de…* »

Dans ce contexte de déception conjugale impossible à dépasser, à accepter, elles peuvent même reprocher à leur compagnon de les avoir forcées à la vie commune : « *Je ne voulais pas me marier, pas avoir d'enfants. C'est lui qui m'a entraînée dans cette galère…* » Comme quoi les femmes infidèles sont parfois des femmes qui ne savent pas dire « *non* ». Bref, quand on trompe, c'est la faute de l'autre. Une accusation justifiant les fines observations des poètes. Serge Reggiani : « *Elle m'a trompé souvent, elle ne m'en n'a pas voulu* » ou Michel Jonasz : « *Dites-moi qu'elle est partie pour un autre que moi, mais pas à cause de moi…* »

Une culpabilité variable

En fait, la culpabilité existe, mais par à-coups. Tantôt en sommeil, tantôt mordante. En sommeil, quand l'idée de l'amant, sa présence, sa peau, son désir hypertrophie le présent. Dans ses bras n'existent ni mari, ni passé, ni attaches, ni contexte. Il annule tout et donne raison à Nietzsche : *« Ce qui se commet par amour l'est par-delà le bien et le mal »*. Mordante, elle déclenche une cascade de parades à la mauvaise conscience : *« C'est mon jardin secret ! C'est de sa faute ! J'y ai droit ! Ça n'a rien à voir avec mon couple. Mon corps m'appartient. Je ne vole rien à mon mari ! Je suis bien plus gaie depuis... »*

Toujours fine observatrice Manon, notre experte, montre que la culpabilité est en dents de scie : *« Sur le moment, je n'avais pas l'impression de le trahir. J'avais une envie folle de cet instant-là. Il fallait que je me décarcasse pour le voir, que je trouve des alibis, un trou dans mon emploi du temps. Quand ça allait mal avec mon mari, c'était plus facile : je me disais que ce gros nul n'avait que ce qu'il mérite. Tout se gâtait quand on passait une soirée sympa, un week-end génial avec les enfants. Là, je me sentais vraiment dégueulasse. Là, j'avais des remords. Et maintenant que nous sommes séparés, je pense que le je trahissais. Je pense aussi que ce divorce est bien fait pour moi : j'ai récolté ce que j'ai semé... »*

Autres manigances de la culpabilité, opérer de subtils déplacements de personnes. Ainsi, on s'en veut en pensant non pas à son compagnon, mais à ses parents, sa maman par exemple. À l'idée de les décevoir, de leur faire de la peine : *« Mes parents, je n'ose plus les regarder en face. Mon mari lui, m'a suffisamment niée pour que je lui rie au nez, mais eux ? Le devoir, le devoir...ils sont irréprochables. Moi qui ai bu le sacrifice au sein de ma mère, comment puis-je trahir ce grand mariage pour lequel ils se sont donné tant de mal et qui leur a coûté si cher ! Comment puis-je trahir ce gendre qu'ils ont accueilli à bras ouverts ? »* Il faut dire que certains duos gendres et belles-mères font le lit (si l'on peut dire) de la transgression et de la culpabilité : « *Si tu quittes ton mari, je ne m'en remettrai jamais* », disait Simone à sa fille qui poursuit : «*Maman compensait la vie conjugale qu'elle avait ratée en vivant la mienne par procuration. Elle s'obstinait à penser que moi, au moins, j'avais réussi mon mariage ! Mon mari en ajoutait des couches. Quand ma mère venait faire le ménage à la maison et garder les enfants pendant que j'étais au travail, c'est-à-dire tous les jours, mon mari disait de ma mère : elle serait la femme idéale si elle avait ton âge et ton cul !* »

Plus on se sent liée à son compagnon, plus on a le sentiment de lui « *appartenir, d'être son épouse* » plus la culpabilité est forte. Plus l'idée de trahison s'impose, plus on pense que ce que l'on donne à l'un est volé à l'autre. Plus le mari et l'amant sont évalués selon un système de vases communicants. Or les femmes d'aujourd'hui, individualisme oblige, se sentent plus libres d'elles-mêmes et moins femmes de… En revanche, elles se sentent très mamans. Et redevables à ce titre du temps et de l'argent qu'elles ne consacrent pas aux enfants. Cet argument – les enfants – empêche sans doute quelques infidélités. *Bibiche*, comme la surnomme son entourage, a mené une vie de patachon. Elle a joyeusement trompé son premier mari. Depuis qu'elle a deux fils (avec le second), elle s'est assagie par amour et en imaginant « *la peine immense* » qu'auraient ses enfants : « *J'aurais honte vis-à-vis d'eux. Honte de les mettre dans une merde potentielle. Si par malheur ils savaient que je trompe leur père, ils en concevraient une inquiétude, un sentiment d'insécurité, un chagrin et une peur terribles ...* »

Bibiche moralise. Françoise culpabilise : « *Rentrer à la maison après une bonne bourre, trouver son mari et ses enfants dans le canapé en train de regarder la télé, y'a pas pire. Tromper son homme vraiment, c'est la dernière chose à faire...* » Florence cloisonne : « *Vis-à-vis des enfants, c'est pas évident mais c'est gérable. Je me suis dit, cette liberté, je me la donne et j'emmerde tout le monde. Je me suis bien grisée et sans aucune culpabilité. D'autant que j'arrivais parfaitement à compartimenter. J'étais là pour mes enfants même si au fond de moi, je vivais ailleurs* ». Quant à Aurore, elle se félicite d'avoir un amant car ses bienfaits, affirme-t-elle, rejaillissent sur tout le monde, y compris les enfants. « *Les enfants ? Je ne leur vole rien. Au contraire ! C'est bien pour eux d'avoir une mère vivante. Avoir des amants m'a permis de couper le cordon, de ne plus m'agripper à des câlins, de ne plus jouer à des jeux équivoques comme ces jeux de balançoires sur lesquels on monte à califourchon, chacun de son côté. Rétrospectivement, il est évident que ces jeux-là prouvaient une frustration sexuelle. Je pense aussi à mon fils avec lequel je restais des heures pour qu'il fasse ses devoirs. Je me crispais : il va bosser ! Il va bosser ! Je l'emmerdais. Son blocage devenait d'autant plus angoissant que j'avais le mien à résoudre...* »

Aurore est convaincue d'avoir pu, grâce à ses amants, recadrer sa vie et ses relations en remettant ses enfants à leur place d'enfant, sa sexualité dans sa vie d'adulte, son mari dans sa peau d'homme déprimé et de bonne volonté : « *Je ne trouvais ni la bonne place, ni la bonne distance avec mes enfants, mon mari, les gens. Je ne sortais pas de moi-même parce que je n'arrivais pas à me connaître. Depuis S. je me refais confiance en tant que femme et en tant que mère...* »

Quelle migraine ! Quelle idiote !

La culpabilité fait aussi des farces en se déployant là où on ne l'attend pas. Qui dira ensuite que la solidarité féminine n'existe pas ? Vivre avec un homme et en aimer un autre, ne pose à Maria aucun problème à l'égard des siens. Ses seuls scrupules vont à... la femme de son amant. Elle ne la connaît pas. On lui a dit que c'était « *une très chic fille* », naturelle, souriante, s'arrangeant pour que tout le monde soit content. Et sans peser. En entendant parler d'elle Maria, qui n'avait jamais éprouvé de remords, s'est sentie mal à l'aise : « *Jusque-là, je pensais vraiment que je ne faisais de mal à personne. Et puis j'ai imaginé cette femme trompée ignorant tout. Évidemment, je n'ai aucune intention de lui piquer son mari (que je n'aime pas) mais je ne peux pas m'empêcher de penser que je lui vole quelque chose. Et puis, je détesterais qu'on m'en fasse autant...* »

D'autres culpabilités sont physiquement douloureuses. Laurette déteste le double jeu, le mensonge, les cachotteries. Avec son mari, c'est l'enfer depuis quinze ans. Pas un mot tendre, pas un cadeau, pas un *je t'aime*, pas une attention, et quelques câlins mais alors, vite faits ! Elle se donne un mal de chien pour sourire. C'est une courageuse et dans son milieu simple, le malheur est aussi naturel que la naissance d'un petit chat. C'est à la campagne... En un quart d'heure, un voisin la fait fondre. Il a suffi d'un compliment, d'une caresse ! Elle chavire. Elle s'enflamme. Elle ne mange plus. Elle ne dort plus. Forcément, dans ce désert la goutte d'eau fait merveille ! Du jour au lendemain, elle qui était tout le temps dehors, au jardin, devient casanière (pour ne pas manquer un coup de fil). Elle qui ne demandait rien à personne, devient accro. Elle, la fière, se met à supplier. Elle, la fille droite incapable d'un mensonge, d'une malhonnêteté commence à raconter des bobards. Pour justifier tout ce qu'il faut justifier dans ces cas-là (ses absences, son air ailleurs, ses rougissements, ces appels qu'elle n'entend pas : *Laurette ? Laurette !*) elle devient la femme au double prénom. Elle ne se sent pas coupable, honteuse plutôt. Comme si elle sentait l'odeur de la grange et du sperme ? Elle se persuade que *s*a « *faute* » se lit sur son visage. Peut-être même a-t-elle le nez qui s'allonge ! En fait, elle se sent *« Pinnochiote »* c'est-à-dire très lisible dans son parti pris de vivre un peu (si peu) pour son plaisir. Mais le pire sont ces maux de tête qui ne la quittent plus. Aucun antalgique ne peut en venir à bout. Jusqu'à l'aveu. Un soir, elle dit tout à son mari. D'une minute à l'autre, ses migraines s'arrêtent. Elle n'en aura jamais plus.

La culpabilité enfin, peut s'exercer par rapport à une certaine image de soi. On s'en veut d'être sortie de son rôle, de sa place, de son éducation. Quel est cet animal qui est en nous, cet animal qui hume, qui désire, qui écarte les cuisses ? Quelle est donc cette femme-là ? Et voilà que la Sainte se met à juger la Putain : « *Dès qu'on a fini de céder, c'est vraiment moche la pulsion sexuelle* » constate une brebis égarée dans le stupre (qui n'en dira pas plus et ne parle pas d'elle, évidemment). Aucune considération de ce genre chez Mado, une fêtarde qui n'a pas du tout l'intention d'avoir mauvaise conscience « *pour si peu* ». Donner son corps, s'abandonner dans les bras d'un homme ou même faire l'amour… sont de bien grands mots pour une affaire qui dure parfois cinq minutes, presque en dehors de soi, pendant qu'on pense à payer son loyer. Tel est à peu près son état d'esprit. Elle dit qu'elle accorde si peu d'importance à « *la chose* » qu'elle aurait pu être prostituée. En tout cas, elle comprend qu'on le soit. Non, elle est très en colère contre elle-même. Fâchée plus que coupable et tout le monde la comprendra : « *Ça a duré cinq minutes, après une fête. Mon mari était en déplacement. J'avais réuni des copains à la maison pour mon anniversaire. Nous avions un peu picolé. Je ne voulais pas que mon ami d'enfance reprenne la route. Je l'ai gardé à dormir et d'un petit bisou pour dire bonne nuit, c'est devenu un câlin… Le lendemain, je me demandais même si je n'avais pas rêvé. Ça a duré le temps d'entrer et sortir, si vous voyez ce que je veux dire. Quand je pense que pour quelque chose d'aussi rapide et insignifiant, on peut être enceinte ou attraper le sida ! Ce type arrose partout, je suis complètement folle ! Ah ! Ça oui, je me suis sentie coupable mais par rapport à moi-même. Prendre de tels risques pour si peu, quelle idiote !* »

Chéri, je t'ai trompé !

Ces lettres, ces e-mails, ces cartes de visite oubliées par inadvertance, ces lapsus révélateurs… tous ces impairs ne sont pas des imprudences, mais des actes manqués. D'où vient ce besoin de « *dire* » ? Certaines (la plupart ?) des femmes infidèles ont horreur du mensonge. Il leur pèse d'avoir à se cacher, à ne pas se contredire, à regarder derrière elles pour s'assurer que personne ne les surprend. Au fond, elles seraient soulagées si la chose s'apprenait, mais sans faire de drame. « *Chéri, j'ai un amant !* » aurait le mérite de clarifier la situation, les échanges. Et…

Dis, tu me pardonnes ?

Comme ce serait bien si papa pouvait passer l'éponge avec sa bienveillance coutumière ! N'a-t-il pas l'habitude des frasques de fifille ? Un ou deux froncements de sourcils en guise de sermon de son côté. Du nôtre, une petite larme pour attendrir. La promesse de ne jamais recommencer. Une déclaration d'amour, un petit passage sur l'oreiller et tout rentrerait dans l'ordre. En gardant ou pas, l'amant. On verrait plus tard ! Tel est le rêve des femmes-enfants égarées dans les bras d'un vilain monsieur ou d'un si beau jeune homme ! Tous les deux tellement insistants qu'elles sont incapables de leur dire « *non* ». On a trompé son homme comme une petite fille trempe son doigt dans la confiture, c'est pas bien mais impossible de s'en empêcher ! Pour obtenir le pardon d'un conjoint compréhensif, première raison de « *dire* ».

Autre tableau. Belles, oui très belles, très désirables… c'est ainsi que nous nous sommes (re)découvertes dans les bras d'un amant irrésistiblement attiré par nous-mêmes. Nous-mêmes ? Ah ! Cette peau de satin, ces seins durs, ces jambes fuselées, ces fesses pommelées… Lui au moins a su les apprécier et les peloter ! Oui, nous sommes très belles et très intéressantes aussi. Ce dont ON ne peut pas se rendre compte quand ON passe son temps au foot ou devant la télé. Très belles, très intéressantes, drôles, vivantes, une conversation passionnante et… fragiles aussi. Besoin d'affection, de compliments, d'écoute, de romance, de petites attentions, de petits cadeaux, oh ! pas grand-chose : un bouquet de violettes le samedi, un livre de poche le dimanche, un petit pull de temps en temps. Ou alors, un coup d'aspirateur dans le salon histoire de nous montrer qu'on ne nous prend pas pour la bonne ! Ou encore un petit coup de fil du bureau dans la journée, pour savoir comment s'est passé le rendez-vous chez le dentiste ou la réunion…

Belles, intéressantes et sexy aussi. C'est dingue de vivre à côté de la sensualité faite femme et de s'en émouvoir si peu ! Bref, il serait bon que nos mérites, mis à jour par l'amant, soient aussi reconnus par le mari. Eh oui ! Il serait temps que l'époux prenne conscience qu'il a bien de la chance de nous avoir dans sa vie – et dans son lit – sinon, eh bien ! D'autres enfin… Si ça continue comme ça – « *Tu entends Chouchou ?* » – on pourrait très bien aller voir ailleurs. « *Je plais beaucoup tu sais ! Tu entends Chouchou ?* » Ouvrir les yeux d'un conjoint aveugle (et sourd) deuxième raison de « *dire* ».

La troisième est encore plus déraisonnable. Puisqu'il s'agit de faire de son mari… la copie conforme de son amant. « *Et pourquoi tu ne mets jamais d'after shave. Brut ! Brut, c'est le nom de l'after shave. Tu ne voudrais pas essayer ? On en trouve partout ! Tu veux que je t'en offre ? Ça sent super bon ! Tu crois pas que ça t'irait le gel dans les cheveux ? Des piques ! Et le jean ? Tu crois pas que ça t'irait aussi ?Même avec ton ventre ça pourrait t'aller !* » Changer son homme de tous les jours en homme idéal, troisième raison (idiote) de « dire ».

Enfin, la quatrième la plus tragique. Là, il s'agit seulement de faire bouger un petit quelque chose. C'est devenu tellement irrespirable qu'il faut créer comme un trou d'air. Alors, on envoie : « *J'ai rencontré quelqu'un* » pour voir comment les choses retombent. L'objectif ? Que ce ne soit plus jamais comme maintenant !

N'avoue jamais !
Est-ce toujours vrai ?

« La tête sur le billot ma petite fille, n'avoue jamais ! » conseillaient les grands-mères qui en avaient vu d'autres. Et aujourd'hui ? Faut-il avouer ses incartades, sa grande histoire d'amour, ses petites aventures ? D'après cette enquête, oui, si vous voulez divorcer ! Avouer est le plus sûr moyen de déclencher larmes, cris, reproches, surenchère, phrases définitives et point de non-retour. Oui, également, si on ne supporte plus de mentir, de tricher, de tromper… Si on a des migraines, comme Laurette. De toute façon, qu'on le veuille ou non, on ne peut pas faire autrement : « *Ça sort* ». Oui, aussi quand on veut jouer à quitte ou double. Ou quelque chose change dans mon couple ou je pars. Oui, encore pour punir ceux qui méritent une bonne leçon. Dans un dîner bourgeois, une femme un peu méprisante à l'égard de son mari dit tout haut : *« Ce n'est pas mon mari qui me tromperait »* sous-entendu, il est bien trop bête pour ça. La perche était trop belle. La dame apprit son infortune, devant les convives médusés : *« Ah oui, trop bête pour ça ! Eh bien sache que tu es cocue et depuis dix-huit ans »*. Puis se tournant vers l'assemblée : *« Et pendant toutes ces années, ma femme n'a rien vu »*…

Comme un coup de poignard

Dans le jeu de cartes que pratiquait ce couple on annonce un jeu improbable pour punir son partenaire d'avoir mal joué. Eh bien, comme au bridge, la révélation du cocuage est parfois une sorte de « *punitif* » destiné à mettre son conjoint en difficulté, et soi-même aussi, par la même occasion. Pour l'illustrer l'histoire d'un autre couple, post soixante-huitard cette fois, bercé par des idées de couples libres, de libération sexuelle, de non-mariage, etc. Ils s'adorent. Ils font l'amour de manière assez satisfaisante pendant une dizaine d'années. Puis Fleur commence à s'ennuyer. Elle tourne en rond. Elle paresse. Elle écoute de la musique indienne. Elle s'occupe un peu de sa fille. Elle regarde la télé. Ca ne suffit pas à remplir une vie ! Aubaine, elle a mal au dos. Voilà qui commence à l'occuper. Et ce d'autant plus que le kiné est à son goût. Il la masse. Elle s'amourache. Doit-elle aller plus loin ? On est un couple « *open* » ou on ne l'est pas ! Transparente, elle avoue son attirance. Lucas très compréhensif, très « *peace and love* » (love surtout !) l'encourage à « *vivre ses désirs* » jusqu'au bout : « *Vas-y, éclate-toi !* »

Fleur et Lucas, sont sûrs que leur « *assoce* » s'élève au-dessus « *des principes petits-bourgeois* » voulant que *« sa »* femme n'appartienne qu'à soi. Une femme doit être libre...C'est donc légère et parfumée de patchouli que Fleur s'envole retrouver son masseur, puis rentre à la maison. Et là, là c'est le drame, et cela à la grande surprise des deux. En apprenant d'où elle vient et que « *c'est fait* », Lucas se met à hurler, non pas de colère mais de douleur. Une douleur incontrôlable qui le prend aux tripes. Entre angoisse et brûlure, il est poignardé ! Elle est maudite. Il veut la tuer. Tandis qu'elle crie que « *C'est lui qui* »... Ils ont vécu ensemble quelques années encore, mais ne s'en sont jamais remis de n'être qu'un couple comme les autres, à savoir possessif et fragile.

Mais pourquoi l'aveu est-il si terrible ? Parce qu'il donne à voir l'infidélité. Il crée des images. Il oblige à imaginer sa femme pénétrée, caressée par un autre. Et quel autre ? Le poison du doute à propos de soi et de l'amour passé, commence à ronger l'esprit. L'autre, la femme que l'on a aimée, devient une souffrance. Tous les repères sont bouleversés. Qu'est-ce qui est authentique, qu'est-ce qui ne l'est pas ? Ce geste, ce mot... est-ce à soi qu'ils s'adressent ? Et avec l'autre, c'était comment ? Sans compter l'humiliation, l'orgueil bafoué, la remise en question, non seulement du présent, mais de tout ce qui a pu existser autrefois.

Mieux vaut douter que d'avoir en tête ces images obsédantes. Elles parasitent tant, qu'il est bien difficile de sortir de « *ça* ». On ne voit qu'un seul cas où l'aveu donne du bon, c'est lorsqu'il permet ensemble d'aller consulter un conseiller conjugal ou un sexologue. Ou encore quand la séparation faite, il permet au mari (qui ne se remet pas de la rupture), de cesser d'idéaliser cette femme qui l'a quitté. Un bémol tout de même, certaines femmes sincèrement amoureuses de leur mari peuvent le convaincre que cette aventure n'est qu'un « *détail* ». Comme autrefois les hommes infidèles affirmaient à leur épouse que ce cheveu blond sur leur col n'était « *rien* ». Il s'agit d'un petit coup en passant, d'une histoire sans suite et tellement au-dessous de la ceinture qu'elle ne compte pas. Le ton de l'aveu en dit aussi long que les mots… Sincère, il peut passer.

Et puis pourquoi avouer des infidélités qui sont une affaire entre soi et soi ? Elles arrivent à la mort de son père, face au vertige de l'âge, avec un ex… « *Ça n'a rien à voir* » avec son couple, pense-t-on et ce n'est pas faux. À moins que… mais avouer tout de suite, ne donne pas le temps de faire le point, de réfléchir à sa vie. Souvent l'aveu est précipité. Voyons d'abord comment les choses évoluent et comment, soi, on change et dans quel sens.

Plaide encore contre l'aveu, le scandale qu'il crée. Le mari, l'entourage, la famille se focalisent sur l'adultère quand le problème se situe ailleurs. Antonia est mariée à un homme qui ne l'aime pas, elle. Il aime son image, son rôle de mère et d'épouse modèles. De ses désirs, de ses aspirations profondes, il ne veut rien savoir. Un autre a voulu la comprendre… Oh ! certes, ils ont couché ensemble mais là n'est pas la question. Fidèle à lui-même (sans jeu de mot) le mari se braque sur l'adultère impensable, scandaleux, humiliant. L'aveu décentre de la vérité, à savoir des raisons qui ont mené à l'échec de leur mariage et de la relation. Mais le pire est raconté par Laurence : « *Un jour, j'ai dit à mon mari : je n'en peux plus de vivre avec toi. Je n'en peux plus de la vie que tu nous fais mener. J'ai fait l'amour avec un autre homme »*. Et alors ? *« Il n'a pas bronché. Et je peux le jurer sur la tête de ma fille, trois jours tard, ça lui était complètement sorti de la tête... »*

La fin des cocus, encore que…

Le discours *in* comparé au discours *out* en matière d'infidélité, pourrait se résumer en quelques mots : *« Mais mon Chéri, ça n'existe plus les cocus. C'est complètement dépassé, complètement ringard comme notion. Personne n'appartient plus à personne. D'ailleurs, c'est toi que j'aime ! L'autre, mais ça n'a rien à voir avec toi. C'est pinuts* (merci pour l'autre !), *très en dessous de la ceinture. Une petite cerise sur mon gâteau. Et mon gâteau, c'est toi mon Loulou, un gâteau déjà très très bon comme ça ! »* Certains hommes (rares), certains couples, changent. Il n'est plus question de posséder « ma » femme, « mon » mari…Très amoureux, pas jaloux, ils savent, sans savoir, tout en ne voulant pas savoir : *« Surtout ne me dis rien ! »* préviennent-ils, afin de se protéger des aveux. Ils ne peuvent exiger l'exclusivité mais ils demandent au moins le secret. Ce sont des hommes patients, sûrs de la relation unique qu'ils ont avec leur femme. Une relation qu'ils n'entendent pas gâcher en demandant des comptes « déplacés ».

Les hommes, attachés à la fidélité qu'on leur doit ?

Les femmes, les épouses, ont appris de longue date la complaisance. Les hommes s'y mettraient-ils aussi ? *« Ce n'est pas de la complaisance*, explique Stévenin. *La complaisance, ce sont ces hommes un peu maso, un peu voyeurs qui disent : au lit, je ne suis pas top. C'est chouette que ma femme puisse s'éclater ailleurs. Comme ça, elle me fout la paix ! Imaginer que ma femme… Je refuse même de l'envisager, ce serait maso. Mais je ne vois pas de quel droit lui imposer un devoir de fidélité, sur lequel elle ne s'est jamais engagée. En outre, ce que nous vivons tous les deux est trop riche, trop intéressant pour que je gâche tout. Je détesterais lui demander des comptes. De quel droit ? Moi aussi j'ai une vie privée. Qui ne la regarde pas. Je préfère garnir notre sac à dos de choses plus nobles... »* D'un côté, un homme bourré de bonnes intentions. De l'autre une femme qui se permet de temps en temps *« quelques rigolades »*. Rien à voir avec lui. *« C'est pour le dream »*. Pas de traces de cocu dans leur histoire, ou plutôt dans leurs mentalités. Puisque personne n'appartient à personne, puisqu'il n'a jamais été question de tout vivre ensemble, de tout se dire... personne n'est, ni ne se sent trahi.

Bon, à ce stade, il est impératif de mettre les choses au point. Les femmes zappent leur monsieur. Elles n'ont aucune impression de trahir, de tromper. Néanmoins, la plupart des hommes continuent de se sentir « *Cocus jusqu'à la moelle* ». Et ils réagissent en conséquence. Géraldine prévient : « *Les hommes sont encore très attachés à la fidélité qu'on leur doit* ». Et de raconter des scènes dignes du plus mauvais vaudeville : « U*n jour mon mari m'a fait un truc mortel. Il nous a suivis jusqu'à l'appart' de mon amant au rez-de-chaussée. On s'embrassait dans la cuisine quand je vois un type dans la rue, avec un bonnet sur la tête. Un type qui nous matait. Je me suis liquéfiée. Vous l'aurez deviné, c'était mon Jules. Il n'a pas voulu entrer. Je n'ai pas voulu sortir. Ridicule ! Une autre fois, nous étions au lit quand il a glissé sa main entre mes cuisses pour voir si je sentais le sperme. Je l'ai vécu comme un viol. J'étais en faute mais j'étais violée. Là j'ai lâché le morceau : j'ai un amant. Et je ne t'aime plus. Il m'a demandé si je voulais le divorce. J'ai répondu : Bonne idée ! C'était fini »*.

« Les hommes se sentent d'autant plus trahis, cocus, humiliés qu'ils sont machos » poursuit Carla. Son mari l'a fait suivre par un détective. Puis il a monté la famille contre elle : *« Vous vous rendez compte de ce qu'elle m'a fait ! »* Il l'a répudiée, humiliée, alertant les voisins, les amis. Criant au scandale. Positive elle observe : *« Tant mieux sinon, j'y serais encore !»*. L'infidélité parfois est un test : on veut savoir qui est son homme, ce qu'il a dans le ventre : *« Si c'est un type bien ou un sale con. Il aurait été un peu beau, moralement parlant, il*

aurait été à mon écoute, il aurait cherché à comprendre ce qui m'était arrivé, pourquoi je n'étais pas bien... je ne l'aurais jamais quitté... »

Ces conjoints admirables !

Être un peu... beau ! C'est facile à dire, mais à faire ? Surtout quand la trahison prend aux tripes, quand elle tord le ventre, quand elle fait souffrir à hurler. Pour mieux comprendre les sentiments d'un cocu, reprenons l'histoire à l'envers. Ici, un homme trompe, une femme souffre. Depuis des mois, Anaïs trois enfants, dont un bébé, remarque que son mari a changé : « *Il avait perdu quinze kilos. Il s'occupait de lui. Il achetait des vestes. Il cirait ses chaussures. Il portait des slips en lycra, des cravates flashi, se passait du gel dans les cheveux et de l'après-rasage dans le cou...* » Mais on connaît la vie des femmes. Entre son boulot, ses enfants, la maison, les fameuses tâches ménagères… elle se rend compte de tous ces changements, mais sans s'y attarder vraiment. Et puis un jour, son mari annonce : « *Écoute, nous avons eu 13 ans de bonheur mais, maintenant, c'est fini !* ». Comment décrire l'effet de ces mots atroces ? Une bombe lui éclate au visage mais une bombe glacée, qui la laisse figée et froide comme la mort. Elle demande quelques explications, mais il refuse « *de s'étendre* ». Anaïs a seulement la présence d'esprit, en le sentant filer sur tous les plans, physiques, psychologiques : « *Je te demande seulement de ne pas partir sans que nous ayons vu une conseillère conjugale* ». Il promet, fait traîner et pendant des mois, ne rentre chez lui que pour prendre une douche et se changer en coup de vent. Sans un mot. Indifférence totale.

Quand elle réussit à le croiser, Anaïs se met à hurler, puis à pleurer. « *Parle-moi ! Regarde-moi !* » supplie-t-elle. Elle n'est pas un chien ! Il continue de se murer et… repart. C'est alors qu'elle se met à fonctionner machinalement. Elle va au travail. Elle est institutrice. En classe, les larmes coulent toutes seules le long de ses joues. Un jour, la directrice la convoque : « *Que se passe-t-il ?* » « *Rien, ça va* ». Elle n'a plus mal. Elle fait ce qu'elle a à faire. Elle comprend qu'elle est au bord du gouffre quand son médecin généraliste menace de la faire hospitaliser d'office, si elle ne réagit pas. En fait, elle ne mange plus, ne dort plus. Son diagnostic ? Dépression grave.

Alors, son mari accepte d'aller voir cette fameuse thérapeute de couple. Pendant la séance, il ne cesse de se plaindre. Sa famille lui a demandé tant de travail, tant d'investissement, tant de don de soi... Anaïs pense qu'il se donne surtout à son travail, mais elle n'en dit rien. De même pendant le dîner en tête-à-tête qui s'ensuit. Non seulement elle l'écoute, mais elle reconnaît ses torts : elle a reporté trop d'affection sur le bébé. Elle ne faisait plus attention à elle, ne se maquillait plus, ne s'habillait plus avec assez de soin. Passons sur les péripéties.... Le mari est de retour à la maison plus amoureux que jamais de sa femme. À qui veut l'entendre, il affirme qu'elle est « *Admirable, d'une intelligence exceptionnelle et d'une dignité qui force le respect* ». Et Anaïs ? Son conseil est le suivant : « *Soyez un cocu admirable et vous serez doublement aimé* ». Admirable, ne signifiant ni faible, ni complaisant, mais à l'écoute des raisons de l'autre, capable d'empathie, de remise en cause personnelle et, à long terme, capable non pas de pardon (ce serait oublier) mais d'un amour réappris et renouvelé. Il y aurait même un truc qui marcherait à tous les coups, c'est le : « *Mais qu'a-t-il bien pu "nous" arriver. Excellant le "nous". Il scelle le couple. Il témoigne d'une remise en cause personnelle. Il suppose aussi du partage, là où il n'en existe plus...* » Elle est admirable Anaïs, mais brisée. Quant à son mari, il n'est plus son grand homme. Celui qu'elle aimait entièrement, aveuglément. Un jour peut-être, elle oubliera, elle aimera comme avant. « *Mais il faudra beaucoup de temps* ».

Heureusement, la plupart des maris trompés ressemblent à celui que décrit Camille Laurens dans son livre *L'amour, roman*. C'est l'histoire d'un homme qui fait suivre sa femme par un détective privé qui vient lui faire son rapport.

Le détective :

- Elle avait rendez-vous avec un homme dans un café…

Le mari :

- Et alors ?

- L'homme lui a pris la main.

- Et alors ?

- Il a payé puis ils se sont dirigés vers un hôtel.

- Et alors ?

- Ils sont montés dans une chambre.

- Et alors ?

- J'ai entendu qu'ils débouchaient une bouteille de Champagne.

- Et alors ?

- Je me suis penché pour regarder par le trou de la serrure mais ils avaient éteint la lumière.

Le mari accablé, se prenant le visage dans les mains :

- Ah ! le doute, le doute…

Les tactiques d'une éthique

On peut avoir des aventures et s'efforcer d'être une «*femme bien*». Le souci des aventurières ? Vivre leur bon plaisir mais... sans faire de mal à personne. Comment faire ? Y aurait-il une morale de l'infidélité ? Une sorte de code d'honneur à respecter ? Il se résume en un mot, discrétion. « *Quand j'entends des femmes raconter leurs aventures en citant des noms, en expliquant que ce type-là fait génialement ceci et son mari génialement ou plus du tout cela, franchement je trouve dégueulasse de déballer la vie intime des autres...*» Celle qui s'indigne s'appelle Angélique. Elle joue ses aventures « *motus et bouche cousue* » . Elle n'oublie pas que « *sa vie privée est aussi la vie privée d'un homme. Raconter, c'est une forme de viol collectif. Entre copines, on déballe, on regarde, on analyse. C'est terrible ! J'aurais tellement horreur qu'on me fasse la même chose. Vous imaginez un homme racontant que je caresse ici, là, en disant telles phrases, si ridicules hors contexte...* »

Soyons bien claires...

Bon, évidemment tout ce qui arrive avec l'amant est passionnant à raconter aux copines. C'est de la télé-réalité avec un suspense, des rebondissements, un dénouement. N'en rien dire à ses confidents ? « *Mais on se prive de la moitié du plaisir !* » proteste Emma. Bon alors, pas de nom au moins. Pas trop de précisions sur le contexte. Remarquez on dit cela eu égard à l'amant. Mais c'est aussi une précaution à prendre pour soi. Car les milieux sont tout petits. Des études prouvent que l'on choisit son mari dans le même milieu social. Qui se ressemble s'assemble. Vrai aussi pour l'amant ! Si on parle trop, quand l'histoire finira (et qu'on voudra tant l'oublier) il y aura cette copine (avec laquelle on est fâchée) pour se souvenir et raconter partout – maintenant que l'amitié ne la lie plus – que *Vous et Lui, vous voyez ce que je veux dire*... Donc, prudence et discrétion. Mais discrétion aussi avec les hommes de sa vie. Avec son mari, on l'a vu, pour ne pas lui faire de mal. Et avec son amant, par égard pour son mari !

Hélas, l'amant tient absolument à savoir : « *Et tu fais toujours l'amour avec ton mari ? Et avec moi c'est comment ? C'est mieux ?* » Ils insistent. Comme il est tentant de leur répondre. Comme il serait bon de s'épancher sur ses déceptions, ses gros malheurs (ne serait-ce que pour justifier sa présence dans un autre lit). Mauvaise idée ! Les amants sont jaloux, aussi. Ils peuvent tomber amoureux « *grave* » et se mettre en tête de venir nous sauver sur leur grand destrier : « *Allô j'aime votre femme. Je sais qu'elle est malheureuse avec vous...* ». Certes, on voudrait aussi pouvoir dire à l'amant qu'il est plus ceci, plus cela. Mais là aussi, danger car pour valoriser l'amant, on casse le mari. Cette question de « *rabaisser* » est même si présente que certaines femmes se soucient de ne pas tromper « *avec n'importe qui* ». Comme s'il fallait que l'amant soit à la hauteur de l'époux. Et, en quelque sorte « *digne de lui* ».

Le risque face à la déclaration d'amour, en creux (*« Tu es génial ! Il est nul ! »*) c'est d'y croire. « *Avec une roue de secours dans le coffre, on roule plus volontiers dans la boue...* » commente Angélique. Bref, on aurait tendance à cracher dans la soupe. Pour le plaisir de la tragédie et pour faire l'amour, encore mieux. Mais en rentrant à la maison, l'ogre est un agneau, un compagnon, un père pour les enfants. Et si candide dans son aveuglement ! On se reproche de l'avoir chargé. On devient encore plus gentille. Lui aussi. Du coup, on fait l'amour. Tandis que l'amant peut imaginer tout le contraire... Chut ! discrétion. C'est mieux pour tout le monde, y compris pour nous et pour l'avenir de la relation. En effet, les amants se rapprochent des femmes mariées trop malheureuses ou... ils les fuient. « *Que va-t-on leur demander ? Le grand amour, le divorce, le mariage ?* » Ils s'affolent les guillerets, les légers, les Don Juan. De peur qu'on leur demande un engagement. Pas question de lourd, de long terme. Ils veulent du fun, du plaisir « *et surtout pas d'emmerdements* » commente Angélique. La sagesse ? Du silence. Du mystère, de l'insaisissable. C'est plus sûr, plus durable.

Les moralistes de l'infidélité ajoutent l'idée « *de ne pas jouer* », c'est-à-dire d'être très claire sur ses sentiments, ses intentions. Une mise au point d'autant plus nécessaire que les hommes ont tendance à nous croire très amoureuses. Tous n'ont pas encore intégré l'idée qu'ils peuvent être (parfois, pas toujours) un coup en passant. Trop vite, ils croient au grand Amour. Forcément, pour eux, une femme *« se donne »*. Ilan une victime de cette illusion, 40 ans marié, trois enfants sous antidépresseurs, moins douze kilos en trois mois, raconte : « *Une collègue m'a draguée. Mariée ! J'ai mis un temps fou à céder et puis finalement nous sommes allés un midi, à l'hôtel. Je ne m'entends plus très bien avec ma femme. Au bout de trois fois, j'étais vraiment mordu. J'ai dit à ma femme que j'avais quelqu'un d'autre. Elle est d'accord pour divorcer mais Valérie m'évite. Impossible de la voir en tête-à-tête. Elle dit qu'elle n'est pas prête, qu'il est trop tôt, que je vois trop loin, que je suis trop gourmand, que je veux précipiter les choses...* » Le diagnostic d'une de leur collègue ? « *Elle a voulu se taper ce type magnifique et réputé imprenable. Un deal et rien d'autre. Pour elle, il n'a jamais été question d'amour. Le problème est qu'elle a honte de lui dire que c'était juste pour le sexe. Pas très convenable pour une femme...* » Oui, il est difficile de dire à un homme qu'il est une petite aventure. Pourtant, il faudrait qu'il soit rapidement fixé. Nous ferions moins de mal. Mais pourquoi faire la morale ? La plupart des femmes disent comme Angélique : *« Pas de culpabilité, de l'éthique, la maîtrise de ses émotions, une bonne capacité de cloisonnement, du silence et de l'amour des deux côtés...* » Elle ne compare jamais ses deux hommes. Elle ne joue pas l'un contre l'autre. Elle se tient au devoir de réserve. Et jamais elle ne demandera à son mari, ou à son amant, d'aller là où il ne veut pas : « *Je les souhaite dignes, libres et heureux* ».

Les copines, juges et complices

Un dernier mot sur les confidentes, les amies, les copines. Face au débordement d'émotions et de sentiments que provoque la rencontre avec le deuxième homme, on a tendance à en parler à tout bout de champ. Les mots mettent le trop-plein à distance. Ils refroidissent la température. Évidemment, on peut compter sur les amies, mais gare aux copines, aux collègues.

Elles prêtent leurs clés, elles organisent des petits dîners entre filles, elles écoutent raconter l'amour, les rendez-vous, la passion, elles appellent pour savoir comment ça va, elles tiennent la main quand c'est fini, s'informent quand ça repart, éventuellement, elles vivent nos aventures par procuration mais « *par derrière ou par devant* », elles sont très sévères. Voici une petite anthologie des jugements de copines : *« Elle joue sur les deux tableaux, c'est dégueulasse. Elle profite d'un mec qu'elle ne veut pas quitter parce qu'il a des thunes, et elle couche avec un autre. Elle reste pour le confort, parce que c'est pratique d'en avoir deux. Elle en a un premier et un second, comme on fait son marché, mais pourquoi pas trois, quatre pendant qu'on y est... »*

Les mamans s'indignent : *« Quand on a des enfants, c'est très égoïste. On ne pense qu'à soi, à son petit plaisir. Non seulement on leur vole du temps, mais on prend des risques avec leur équilibre. Et s'ils l'apprenaient ? »* Des jugements aussi à propos de la transparence, et du choix de dire ou ne pas dire. *« Avoir un amant et le cacher pour ne pas faire souffrir c'est minable. Que sait-on de la souffrance de l'autre ? Le pire, c'est de prendre les gens pour des cons... »* Et puis il y a les femmes infidèles qui jugent les *« infidélités petites-bourgeoises »* des autres (sans que l'on distingue nettement la différence entre les susdites et les leurs). Enfin, savez-vous de qui sont ces phrases ? *« Je n'appartiens pas à la catégorie des femmes "qui recherchent l'aventure" ... Je fuis les conversations sur le sujet de la vie sexuelle parce qu'elles sont enrobées de considérations sentimentales qui les rendent immédiatement poisseuses »*. De Catherine Millet soi-même. À qui se fier ?

QUATRIÈME PARTIE

SUITES ET FIN DE L'HISTOIRE

Sont-elles malheureuses ou frustrées les femmes pas fidèles ? Sont-elles ces « *mal baisées* » que l'on caricature ? Ou mal aimées ? Ou trompées ? Oui, peut-être, parfois. Mais ce n'est pas l'essentiel. Le plus frappant, quand on les rencontre, est le sentiment de solitude qui présidait à leur infidélité. Non pas qu'elles soient isolées. Elles ont des copines, des enfants, un travail et bien sûr… un mari. Mais au fond d'elles-mêmes, elles sont seules face au vertige de l'existence que la plupart des gens, heureusement, n'éprouvent pas. Que leur est-il arrivé ? Plusieurs, et dans des proportions étonnantes, ont éprouvé, dans l'enfance, un drame bien trop lourd à porter. Que ce soit la mort d'un proche, une maladie, un secret difficile à garder. Mais le plus grave est qu'elles l'ont vécu seules. Ou bien, elles ont grandi dans une famille douloureuse dans laquelle on ne se parlait pas vraiment. Personne ne comprenait les petites filles timides ou difficiles qu'elles étaient. D'où leur difficulté à faire confiance, aujourd'hui. D'où leur sentiment de « *n'appartenir à personne* ». Elles n'ont pas le sentiment de tromper ou de trahir. Elles sont seules, c'est tout ! Leur philosophie ? Faire avec et prendre dans la vie, ici et maintenant, ce qui est bon à prendre…

D'autres fois, ce sentiment de solitude est arrivé plus tard. Avec le désenchantement de l'amour. Elles ont aimé leur mari. Mais l'homme, le mariage, les a déçues. Elles n'ont pas réussi à construire cette intimité qui rend heureux. Sans doute parce qu'elles ignoraient qu'elles la cherchaient. Au sein de leur couple, elles n'ont pas pu parler de leurs états d'âme positifs, négatifs. De leurs désirs, de leurs rêves. Encore moins les réaliser. Impossible d'être vraies sans s'exposer à l'incompréhension, au rejet, au jugement. Elles n'ont pas pu « *être* », soit parce qu'elles n'avaient pas assez confiance en l'homme épousé, soit parce qu'il ne pouvait, ni ne voulait les entendre. Il fallait faire semblant de… Tenir un rôle dans lequel chacun s'enferme et tient ses distances.

Bref, elles ont toujours un peu triché sur qui elles étaient, ce qu'elles ressentaient. Alors, un peu plus, un peu moins ! Du malheur ? Non, elles sont prises dans le tourbillon de la vie. Elles bâtissent une famille, exercent un métier. Elles font l'amour, pas si mal d'ailleurs, avec l'homme de leur vie. Le tout sans se poser de question. Et puis la solitude les rattrape. Voici un tournant professionnel, un anniversaire (ah ! ces dizaines qui forcent les bilans), la naissance d'un enfant, une maladie, un deuil ou une grande joie, une promotion, un succès… Là, elles devraient sentir un soutien, une présence, du partage. Or elles sont seules à côté d'un mari qui ne peut pas, ou qui ne veut pas, être là.

Soudain, elles comprennent que… mais un homme providentiel vient balayer ces idées noires. Il apporte du jeu, du rire, une histoire, qui font vibrer. Faire l'amour ensemble, est-ce si important ? L'impatience, la fébrilité sont le principal car tout redevient possible. Évanouies la solitude, la tristesse ! Et puis, on se renouvelle dans la rencontre. On avance, comme c'est bon ! Mais pour combien de temps ? Que se passe-t-il au bout de quelques semaines, quelques mois, quand s'estompe l'effet d'emballement ?

Le glauque et le divin

Ce sont des rencontres, des histoires d'amour et de désir. De belles histoires si elles n'étaient pas adultères, si les amants n'étaient pas engagés dans d'autres vies, d'autres liens. S'ils étaient mari et femme, leur joie de vivre, sexuellement parlant, ferait même des envieux. Seulement voilà, il faut mentir et se cacher, jouir et s'aimer secrètement. Un secret nécessaire pour préserver son couple, protéger son mari, ses enfants, ses parents, son mode de vie. Pour se protéger soi-même, surtout. La clandestinité donne de la force à l'amour, autant qu'elle peut lui apporter de honte. Elle place l'adultère sous le signe du paradoxe. En son sein, se mêlent le glauque et le divin. Des impressions extrêmes poussant à fuir, autant qu'à continuer…

Le septième ciel

Il faudrait de l'allant pour décrire l'impatience des sens, le transport qui saisit, la passion qui anime. Elle annule tout ce que la raison compte de… raisonnable. *« Soyons fous ! »* semblent dire les amants fondus l'un dans l'autre, sous une porte cochère, derrière une meule de foin... On pourrait les surprendre ! Ils s'en moquent. Infidèles ? Qu'importe ! Il n'y a que cet instant qui compte et tant pis pour le sida, les bébés et les bien-pensants qui y verront du sordide, du *« crapuleux »* disait une femme fidèle. Ils s'en moquent. Ils sont au septième ciel. Ils perdent la tête. Ils sont ailleurs, hors du temps, hors de tout. *« C'est divin, y'a pas d'autre mot... »*.

Et le glauque ? Il surgit hors de cette magie, avant ou après. Tatiana arrive à l'hôtel la première, ce jour-là, et elle décrit : *« Cette honte sourde... On y entre la tête baissée, en rasant les murs. Le patron demande en regardant l'air un peu méprisant (en tout cas on le croit) si l'on veut le tarif de nuit ou le tarif de jour de 13 à 15 heures, 40 euros ou 60 euros ?*

D'habitude c'est Lui, l'amant, qui paie. On manque d'expérience, que faut-il dire ? Que dirait-il, Lui ? Et l'amour, au fait, ça dure combien de temps ? Pour écourter la conversation, on prend le day use (Les hôtels parisiens réaliseraient 15 % de leur chiffre d'affaire grâce au *day use*, c'est-à-dire la location de leurs chambres pour quelques heures dans la journée) *avouant ainsi qu'on est là pour baiser. Misérablement. Puis il faut monter à l'étage, au dernier. Entendre d'autres couples faire grincer les ressorts et tacher les matelas. La suite dépend du partenaire choisi. Si on l'aime, les murs s'écartent, le plafond s'illumine. Avec lui, le soleil entre dans la chambre. Les bruits collatéraux ne comptent plus. Seul importe qu'il soit enfin ici, avec nous ... »*

Les hôtels, au début, Corinne trouvait cela très excitant. En pension, cette petite Normande n'avait jamais osé faire le mur. Alors tromper son mari ? C'était la première fois. Se faire passer pour un couple légitime, comme c'était drôle ! Elle riait en se serrant contre son deuxième homme. La clandestinité les rapprochait, mais la patronne lui avait fait honte : *« Et savez-vous à quoi je les reconnais les couples adultères ? » « Non »*, avait-elle répondu d'une toute petite voix. *« À leurs bagages et à leur allure. Les bagages ? Aucun ! L'allure ? L'homme précède la femme, retient la chambre, appelle sa maîtresse de son portable, qui arrive trois minutes après, en baissant les yeux : même pas bonjour si on la croise ! »* Depuis, Corinne pense… qu'on pense à son sujet. Elle se sent épiée, honteuse, mal dans sa peau de *« maîtresse »* quel mot ! Elle y va, elle regrette, elle espère, elle s'en veut et n'arrive pas à faire autrement. *« Il y a maîtrise dans maîtresse. Or, je ne maîtrise rien du tout. Je me sens salie par les regards rigolards (ou que je crois rigolards...). Il est tellement évident qu'on est là pour ça. J'ai honte que l'hôtelière m'imagine avec mon compagnon entre les cuisses (mais où aller dans une petite ville ?) C'est un viol ce regard, celui de mon intimité »*.

Le prince, pas si charmant…

Relativisons, des femmes assument leur infidélité sans porter sur elle aucun jugement. Vanessa s'ennuie tant dans son mariage – aussi bien au lit qu'au quotidien – qu'elle pimente son ordinaire de quelques extras qui la font rire. Elle les rencontre dans un train, un café, dans le métro… tout dépend des circonstances. Elle ne prend que des hommes qui lui plaisent et réciproquement, sans préméditation : *« Ce n'est pas un besoin. Juste un plaisir »*. Le glauque ? *« Quel mot ! J'en garde un souvenir amusé ou pas de souvenir du tout. Vous savez, je suis une femme très occupée et je ne sais pas ruminer : je prends le présent comme il vient. Le reste du temps je travaille beaucoup. Alors ou c'est chouette et j'en ris encore, ou c'est nul et j'évacue l'histoire. Je la fais passer comme Catherine Millet par profits et pertes, le ratage fait partie du jeu. Il faut bien perdre quelques parties. Cela dit les ratages sont plus rares que les plaisirs : je sais choisir… »*

En fait, les aventures de Vanessa sont si brèves (rarement plus d'un mois) qu'elle allume le feu d'artifice et fuit ses retombées. N'ayant pas le temps de connaître « ses princes » (comme elle les appelle) elle en garde une image embellie : *« Je me méfie des revoyures… »*. Les femmes sentimentales n'ont pas cet aplomb. Un désir brut, vécu sans préliminaires ni romance, leur paraît le comble du… de… enfin, ça ne cadre pas avec l'image qu'elles se font d'elles-mêmes, du sexe, de l'amour. Pas question de lâcher « la bête » en elles, sans l'enrubanner de jolis sentiments. *« J'y mets du sentiment pour pouvoir fonctionner, mais de faux sentiments. Je me fais des films jusqu'au moment où la réalité me saute à la gueule. C'est toujours la même histoire : je m'imagine que j'aime, j'idéalise, je me raconte qu'il y a de l'amour entre nous et c'est la claque, tout devient sordide. Je me souviens d'un jeune type avec lequel j'étais depuis quinze jours. On s'aimait bien. Il m'a emmenée chez lui et le matin (mon Jules était en voyage pour son boulot), j'étais encore dans son lit, son père est entré dans la chambre. Il était flic, le père. Il l'a traité de tous les noms parce qu'il n'avait pas rangé la voiture dans le garage. "Petit con ! T'es de la merde !" Et l'autre qui ne répliquait rien. Il baissait les yeux. C'est le désenchantement qui est pitoyable et sordide. Devant son père, il n'était plus le beau jeune homme que je croyais, mais un toutou, un pauvre type... »*

Ah, les films que l'on se fait ! Roxane fond, tremble, s'émeut, gémit. L'homme du moment retombe sur le côté. Elle se sent pleine, oui, comblée, amoureuse, quelque chose de cet ordre-là. Elle ferme les yeux, lui prend la main et attend un mot, un compliment. Elle aimerait qu'il lui dise… Qu'il n'a jamais tenu dans ses bras une femme aussi troublante, aussi aimante. Jamais il n'oubliera ses seins, ses fesses, son corps sublime, son odeur fruitée, citronnée, musquée… (au fait, elle ne sait pas comment elle sent). Elle a confiance, il va le lui dire, faire un commentaire, briser ce silence qui commence à lui peser. En ajoutant qu'il l'aime tout entière. Elle attend, suspendue à ses lèvres. Rien ne vient. Ou plutôt si, en ce gris jour d'octobre, la tête tournée vers les rideaux entrebâillés, l'homme fixe les gouttelettes frappant la vitre et constate dans un dialogue laconique, distancié : *« Il pleut ! »*

L'un redescend plus vite que l'autre…

Le sordide, c'est le brusque retour à la réalité. Jamais Vérène, sur ce parking de plein air dans la voiture, sur les sièges allongés, n'avait fait l'amour aussi fort, aussi bien. *« Jamais je n'avais joui ainsi. Cette jouissance avait un côté mystique, une ouverture particulière du corps, du cœur, ses sens... Il y avait entre nous tant de passion, qu'on atteignait une autre dimension. C'était l'accord parfait, l'amour pur... »*. Mais il y avait des taches de sperme sur les housses. Sa femme à lui, pouvait s'en apercevoir. Vite, trouver de l'eau, une éponge, un tissu, une fontaine ! Lui, hirsute, inquiet à l'idée d'être découvert. Elle, Vérène, débraillée, décoiffée, revenant de loin et tombant de haut… Un peu plus tard, elle se remet. Elle a envie de tendresse, de paroles, d'amour. Lui, fait le ménage. Il lave les housses à grande eau, toutes fenêtres ouvertes au risque de lui faire attraper la crève : *« C'était surréaliste de vivre un moment d'accord absolu qui soit en désaccord avec tout le reste : la morale, le confort, les conventions. C'est à la redescente, comme après un shoot, que le glauque nous rattrape. On dirait qu'il gagne du terrain à mesure que s'efface la magie. Le top du glauque arrivant quand les deux ne redescendent pas à la même vitesse ».*

Quand le timing est bon entre les deux amants, il reste les mots, la tendresse, le rire, les projets. C'est un déchirement certes, mais ce n'est pas fini, on recommencera, je m'en vais, c'est à regret, je t'aime, je t'appelle, je pense à toi, à tout à l'heure, je pars mais tu ne me quittes pas… Quand le timing est mauvais ou que le cœur n'y est plus, l'un des deux est pressé de retourner à sa vie, à son rôle, à son image. Il s'enfuit, efface et gâche tout, en revenant brutalement à la réalité de ses limites, de ses lâchetés… Que l'on soit victime ou bourreau, c'est insupportable comme tous les décalages de l'amour. Valérie reconnaît elle-même qu'elle a des amants Kleenex, elle prend et elle jette d'autant plus vite qu'ils demandent un peu plus de temps, un peu plus d'amour non mais, en voilà une idée ! Quand elle devient à son tour une maîtresse Kleenex, c'est elle qui se sent seule à mourir après l'amour. Seule dans le lit, nue, encore chaude et humide des caresses reçues, elle regarde l'homme reprendre ses marques, geste après geste. Le caleçon, les chaussettes, la chemise… À la veste, les trois quarts de lui-même sont déjà ailleurs. Il lui reste à se passer la main dans les cheveux. Reprenant ses esprits, il pense : *« Voyons, voyons… avec qui ai-je rendez-vous déjà ? »* Tout haut : *« Tu sais quelle heure il est ? »* Comme il est fier qu'il soit si tard. Elle le comprend : quelle technique ! Quel amant ! Mais d'autres devoirs l'attendent. Un petit adieu sur les lèvres, une porte qui se referme doucement, les larmes coulent. Maguelonne déteste qu'on la quitte depuis qu'elle est toute petite : *« L'amour adul-*

tère a ceci de particulier : jamais on ne se sent aussi seule derrière une porte qui se referme... » Il faut atterrir à son tour, reprendre sa voiture, repasser devant la taulière et son sourire en coin, écouter les messages sur son portable en espérant qu'il aura laissé un mot. Rien ! Assez perdu de temps pour aujourd'hui. Alors, elle appelle son mari (revoilà le glauque) : *« Ça va mon Loulou ? Tu as passé une bonne journée ? Tu m'aimes ? Tu me manques, tu sais ! Je t'aime terriblement ! »* Et le pire, c'est qu'elle est sincère…

C'est fou, ce cœur qui zappe, ce corps qui aime l'un, qui aime l'autre, qui est sincère en prononçant les mêmes mots avec les mêmes gestes et pour deux hommes différents. Quand le zapping est réussi, elles se sentent plus fortes que les autres, comme si elles avaient un cœur deux fois plus grand. Quand le cloisonnement est raté, tout devient sordide. Les pensées trichent, les actes trompent. Maguelonne fait l'amour avec son amant et soudain, elle déconnecte. Elle est ailleurs. Elle se regarde faire et… c'est dégueulasse. *« J'ouvre les yeux. Qui c'est ce type ? Le nez dans mes poils, qu'est-ce que je fous-là ! Avec les gosses à la maison qui doivent se demander si leur mère n'est pas morte. Mon mari qui bosse comme un dingue pour payer la maison, mes copines au bureau, ma sainte mère, mon père s'il me voyait, quelle honte ! »*. Après l'euphorie, la parano. Pendant que l'homme s'active à l'autre bout d'elle-même, elle imagine un détective déboulant dans la chambre, flash, photos, flagrant délit d'adultère, répudiation, la honte : ses amis, ses enfants, son mari, ses collègues la montrant du doigt. C'est elle, cette fois qui reprend ses vêtements, les enfile à la hâte, sans douche, dépose un baiser distrait sur le visage décomposé de son amant. Elle n'a qu'une envie, l'oublier. Sacré décalage ! Comment l'éviter ?

Le désir à chaud et… à froid !

Et puis il y a ces jeux, ces mensonges, ces lâchetés justifiées par l'amour, la passion, la folie des sens. Ils se pratiquent sans y penser, dans l'impatience des retrouvailles. Récapitulés à froid, ils font honte. Nadège a mené une double vie pendant quinze ans. Quinze ans d'amour avec son mari et avec… son amant. Quand elle regarde en arrière, elle ne se reconnaît pas : *« On en arrive à ce que la femme de son amant – celle que l'on trahit – me présente leur petite fille. Et que je fasse comme si de rien n'était alors que, deux heures auparavant, je couchais avec son mec dans la voiture. Dès que sa femme partait, hop ! je rappliquais. Il est arrivé que sa femme et sa fille prennent le train de 16 heures, tandis que j'arrivais par celui de 17h, en sens inverse. Et que nos compartiments s'arrêtent au même niveau. C'est ainsi qu'elle a tout compris, le jour où nos regards se sont croisés… Soudain, tous les morceaux se sont recollés : l'insistance de son homme pour qu'elle aille voir sa mère, les draps propres quand elle rentrait, les coups de fil interrompus dès qu'elle arrivait dans la pièce, les heures passées dans les toilettes (il m'envoyait des textos) les disparitions nocturnes soi-disant pour aller faire un tour ou acheter des cigarettes, en fait pour me passer un coup de fil. À l'époque, ça me semblait tout naturel, aujourd'hui, je trouve ça dégueulasse et même un peu pathétique… »* Pathétique mais banal. Les amants peuvent introduire l'un dans la famille de l'autre. La maîtresse devient parfois une amie de l'épouse. Le mari, un copain de l'amant. Explications : *« Il m'a fait rencontrer sa femme pour que nous soyons plus souvent ensemble. Pour qu'on partage plus, à n'importe quel prix »*.

Ces trahisons sincères, pour la bonne cause adultère, rappellent l'histoire de ces deux couples de copains qui partent en vacances à la mer, avec leurs enfants. Soudain, la femme de l'un des deux couples revient en larmes annoncer à son pote (qui n'est pas son mari) que c'est affreux ! Yves la trompe, elle l'a surpris dans les bras de …

- « Ma pauvre ! Le copain compatit. Il la console…

- Non mais, tu n'as pas bien compris…

- Si, si, je sais ce que tu peux ressentir.

- Oui, mais non, tu ne sais pas encore car il me trompe avec TA femme ! »

Le plus nul (toujours selon les intéressées) consisterait à mettre ses copines dans le coup, pour qu'elles fournissent des alibis. Elles sont tellement gênées, ensuite, de savoir que leur copain, le mari de leur copine, est cocu. Sordides aussi, les inscriptions dans des activités bidon pour justifier ses absences à cause de la fête du club de scrabble, l'entraînement au footing, la gym, les cours d'encadrement, les compétitions de natation synchronisées (qui ont lieu le soir et le week-end). Sinistres encore, les petites lâchetés, les petits courages, celui de parcourir des kilomètres à vélo, la nuit avec une hachette dans le sac à dos, pour rejoindre son amant dans une voiture, sur un chemin de campagne. Dormir enfin dans le lit conjugal au risque d'être surpris… et ne pas avoir le courage de choisir entre les deux hommes : *« Ce conjoint qu'on ne quitte pas et dont on profite. La lâcheté de l'autre met en face de la sienne, comme dans un effet de miroir. On lui reproche ce qu'on est incapable de faire. Les arguments qui nous semblent recevables pour nous-mêmes : les enfants, la famille, le chagrin que l'on ferait à l'autre… nous semblant irrecevables, pour lui. »* Bref, on en veut à son amant d'avoir les mêmes lâchetés que soi.

Divin, décidément…

Pourtant, si l'on continue, n'est-ce pas que le divin, les émotions, l'amour priment sur le contestable ? Danièle ne se sent ni nulle, ni glauque, ni coupable en vivant ce bonheur absolu. *« On l'a choisie cette chambre d'hôtel avec un soin précis. Il faut que ce soit un endroit personnel, accueillant, retiré où personne ne juge personne. Ce lieu anonyme que l'on va faire sien au point de s'en souvenir toute sa vie a quelque chose d'inouï et d'unique. D'inouï parce que les murs s'écartent, le plafond s'élève, les bruits s'assourdissent, les couleurs s'illuminent. Unique parce qu'elle va s'emplir de nous, de lui, de l'homme qui à ce moment-là est le plus impor-*

tant de sa vie. Il n'y a plus que lui qui compte. Dans cette chambre, chacun se dépossède, au sens le plus aigu du terme. Il se dépouille de ses vêtements, de ses rôles et il s'offre nu, tel qu'il est. Ensuite, il s'agit d'advenir ensemble à ce que l'on est de plus beau, de plus généreux, de plus respectueux, de plus profond aussi. Je ne connais rien de plus émouvant que ces moments-là. C'est le Grand moment de sa vie, celui qui ne peut pas ne pas avoir lieu ailleurs, avec un autre homme que celui-ci. C'est le plus grand bonheur qui soit, le bonheur à l'état le plus pur. Un cadeau de l'existence qui ne se refuse pas... » Et le glauque ? Eh bien, on le supporte *« parce que c'est ça ... ou rien ».*

Une parenthèse vite oubliée…

Alina Reyes dans son livre *La politique de l'amour* rapporte que l'on fête tous les ans, au printemps, dans une université du nord de l'Italie, « *la tempête hormonale* ». Cette nuit-là, dans le parc de l'université, se retrouvent étudiants, profs…en fait, qui veut. À condition d'être réunis par une même envie, celle de faire l'amour, tout le monde peut coucher avec tout le monde, selon son bon désir. Certaines fêtes entre copains, certains séjours dans des clubs de vacances ressemblent à ces bacchanales débridées et farceuses. Il s'agit d'une envie enfantine de défoulement. Ces célébrations non commerciales de la libido rendent heureux, comme si la liberté sexuelle sans tabou était possible puisqu'elle l'avait été une fois.

Le corps, est-ce peu de choses ?

D'autres infidélités à classer dans les parenthèses, arrivent avec un homme de passage, un bon copain. La plupart ne laissent aucune trace sentimentale. Juste des souvenirs de rigolades et souvent de grandes peurs : enceinte, pas enceinte ? Sida, pas sida ? Il y a quelques années, les aventurières se seraient senties coupables, déchues peut-être. Elles auraient eu l'impression de tromper sûrement… Aujourd'hui, elles se sentent respectables au sens de « *dignes de respect* », avant, pendant et après. Pendant, elles s'amusent. Et ensuite ? Elles passent l'éponge. Elles oublient sans avoir eu l'impression de « *tromper vraiment* ». Car tromper, ce serait aimer.

Donner son cœur, son âme, c'est important. Mais « *Le corps n'est pas grand chose* », disent certaines. Les seuls hommes vraiment dangereux pour le couple sont ceux qu'elles aiment de tête et de cœur. Ceux qui les font « *cheminer* ». Ceux qui les conduisent à se connaître, à trouver leur propre manière d'être au monde, ceux qui les conduisent à elles-mêmes…

Dans les parenthèses vite oubliées, on n'est pas forcément très fières de soi. On est sorti de son rôle, de ses habitudes, de son image de femme respectable. Certaines le vivent parfois sur le mode de la cuite sexuelle, avec un réveil difficile et une gueule de bois : « *Non mais tu t'es vue quand...* » À moins que l'affaire ne soit tout simplement gommée. Un accident sans importance. Aucune trace. Karine parle des 47 amants qui ont compté pour elles sur… 200. Les autres ? Aucun souvenir !

Il y a aussi les affaires qui tournent mal. La première fois, l'homme joue les amants attentionnés, plus soucieux du plaisir de sa partenaire que du sien. Mais chassez le naturel… : « *La première fois était follement excitante. Il avait un sexe énorme, un savoir-faire fabuleux, il me semblait attentionné. La deuxième fois, il a pris son pied, sans s'occuper de moi. La troisième, il est arrivé avec une banane et un concombre. Je me suis sentie avilie. Le lendemain, il commentait à sa sœur : je l'ai trouvée un peu... coincée* »… En ce cas, la parenthèse n'est pas oubliée mais vite refermée. Ah ! ce goût de cendres que les femmes ressentent quand elles sont utilisées, instrumentalisées, pour servir des fantasmes qui ne sont pas les leurs !

L'amour, ça complique tout ?

Tant que c'est *« du kif sexuel »* (ce qui n'empêche pas la tendresse), tout va bien dans le meilleur des mondes possibles de l'aventure, une aventure sexuelle, pas trop amoureuse, ouf ! Car « *l'amour complique tout* », affirment les coquines. Il plombe les relations, trouble la sexualité (trop d'émotions fortes) dramatise les attentes, les retards, les refus, les contretemps. Rien ne vaut la légèreté sexuelle ! On se voit, on ne se voit plus. On a le temps, tant mieux ! On ne l'a plus, ce n'est pas grave ! Vibrants les corps, légers les sentiments, et la jouissance au bout, une jouissance d'autant plus forte qu'on ne risque rien, passionnellement parlant. Le problème, hélas, est qu'on ne maîtrise pas ses sentiments. On croit commencer une liaison *« pour changer d'air »*, se distraire, s'amuser et l'histoire dérape.

X et sentimental.

« D'accord pour le sexe fort entre cinq et sept ! Pas d'accord pour la passion qui prend aux tripes et occupe vingt quatre heures sur vingt quatre », Pamela sait exactement ce qu'elle veut. C'est une femme pragmatique et moderne. Moderne dans le sens où elle se défie des sentiments. Elle leur préfère les sensations fortes, plus faciles à maîtriser. On sait au moins quand elles commencent et où elles s'arrêtent. Pamela, donc, a 27 ans. Elle est belle, pulpeuse, mariée depuis cinq ans et pour la vie, a une petite fille de 3 ans. Elle était sûre d'être fidèle, mais cette promesse vacille le jour où son tempérament volcanique – arrosé d'une bonne dose de Malibu – se réchauffe dans les bras d'un danseur de samba.

Elle porte une minijupe, un pull chaussette, des cheveux longs. Forcément, on la drague. Son mari a la migraine (tiens, les hommes aussi !). Ce soir-là, elle ne flanche pas dans d'autres bras, mais la boussole de sa sexualité, jusque-là tempérée par le mariage, commence à perdre le nord. Elle retrouve le goût de la danse, des rires échauffés, des hanches d'hommes ondulant sous ses mains. Envolés son mari, sa fille, son rôle, son sérieux. Ses bonnes résolutions ne sont plus aussi définitives. Elle se dit qu'elle est fidèle « *pour l'instant* ». Et comme son homme continue sur la lancée de ses priorités, qui sont dans l'ordre : son boulot, son sommeil (il est saturnien, tendance insomniaque) et ses mamours de papa poule adorant sa *Poupoune* (leur fille), l'idée de l'infidélité commence à faire son chemin. Un an plus tard, les bonnes résolutions de Pamela ont changé de camp : « *C'était clair : j'avais besoin d'une aventure, mais pas n'importe laquelle. Je voulais une histoire «clean » sexuelle, toute simple, avec un type au top sexuellement qui ne parle ni avant, ni pendant, ni après. Il me fallait un mec qui ne veuille ni ne fasse d'histoire. Je ne voulais ni d'avenir, ni d'une histoire qui avance. Je cherchais un mec qui n'avait rien dans le crâne (parce que c'est reposant) mais qui n'était pas un salaud.* »

Cet objectif fixé, il restait à trouver « *la Bête* ». Or sa sœur connaît un ex-acteur de film X. « *Une ex-star du porno, c'était l'idéal. Je m'adressais à une sorte de professionnel. J'y allais comme les hommes vont aux putes. Mais dans mon esprit, le « ex » était très important car je voulais bien qu'il tire un autre coup dans la journée, mais pas quatre !* » Pamela précise sa pensée en termes encore plus, comment dire ? « raffinés » : « *Je pensais : c'est un pro du cul. Il doit baiser comme un dieu, avoir une queue d'enfer, une cervelle grosse comme un pois chiche. Les hommes de ma vie ont toujours été des tronches. De celui-ci au moins, je ne tomberai jamais amoureuse. C'est le mec parfait, le coup génial : lui, c'est son métier. Moi, c'est ma nature !* »

Très satisfaite d'avoir trouvé « *quelqu'un d'efficace* », Pamela toute émoustillée l'appelle, lui fixe rendez-vous et s'offre pour l'occasion le grand jeu : jarretelles, string, soutien-gorge à balconnet couleur rouge sang, une couleur selon elle, « *particu-*

lièrement sexe ! » Est-il nécessaire de préciser qu'elle n'éprouve aucune culpabilité ? Puisqu'elle va juste s'éclater. Puisqu'il n'est pas question d'amour. Puisqu'il n'est pas question de mentir car Rocco habite, c'est génial, au-dessus d'un Monop : il suffira de dire qu'elle fait un plein. « *D'une certaine manière, ce ne sera pas faux !* » Bref, on voit que Pamela pensait avoir tout prévu, s'être blindée de tous les côtés. Erreur, tout faux, de a à… x. Oui, il s'agissait bien d'un professionnel, mais justement : *« Sexuellement, ce n'était pas un coup absolument farineux et pour cause, j'aurais dû y penser. Cet homme en avait tant vu sur le plan sexuel, qu'il était devenu impossible de l'épater avec des jarretelles, des fantasmes, des pipes qui font flamber les autres mecs. Lui, ça le gavait. Qu'on ne le touche pas, qu'on ne lui parle pas était son grand fantasme. Il avait tellement exploré le cul qu'il en connaissait toutes les ficelles. Il rêvait d'une sexualité très cérébrale… »*

Premier grain de sable dans son engrenage. Le deuxième vient d'elle, qui se croyait si peu romantique : *« J'avais cru que je pourrais en faire un objet sexuel et visionner par exemple les cassettes porno dans lesquelles il avait tourné. Mais non, je n'arrivais pas à fantasmer sur son sexe (au demeurant de taille tout à fait normale). Ce qui me faisait craquer, c'était sa bouille, sa moue, ses cheveux hirsutes. Je n'y mettais pas vraiment de l'amour, mais tout de même beaucoup plus que prévu ».* Tout s'aggrave encore quand ils se mettent à parler : *« Là, c'est devenu un souci. Mon ex-x était un type brillant dans son genre. Il avait une attendrissante histoire d'objet sexuel qui rêvait d'amour vrai. Il voulait absolument savoir ce qu'il représentait dans ma vie : une bite ou un homme ? Pour lui prouver qu'il était bien un homme, j'ai cessé de le considérer comme une bite. Nous avons fini tous les deux enlacés sur le lit. Lui, la tête au creux de mon cou. Moi, lui caressant les cheveux et nous tenant par la main… »* Et c'est ainsi que le *« professionnel »* est devenu un homme, le *« coup en passant »* une histoire d'amour, et *« le mensonge par omission »* une *« vraie trahison ».*

Si tu m'aimes, prends garde à toi…

Tant que la rencontre est d'abord seulement sexuelle, le couple ne risque rien. Légères, épanouies, les coquines s'éclatent sans remettre en cause leur mari, leur famille, leurs priorités : « *On s'appelle, on se voit, on fait l'amour. On reprend ses fringues, ses billes, son look de femme comme il faut, on s'oublie et dès qu'on a un peu de temps, on se rappelle et on recommence. C'est génial, sans histoire. Pas d'attente, pas de dépendance. Avoir un amant c'est très bien, si c'est dans la légèreté, dépassionné. Un kif sexuel, une illusion, du champagne dans la tête, ok. Si ça devient une histoire d'amour, t'es dans la merde. Tu te poses des questions sur ton couple, sur ce que tu y mets et pourquoi tu y es* ». « *Garde-toi d'aimer* », disent les Carmen qui savent très bien où elles en sont et jusqu'où elles ne veulent pas aller.

Dès que l'amour commence d'un côté ou de l'autre, elles coupent court. C'est au tour des hommes d'être « *séduits et abandonnés* ». Ou plus doucement, d'être attrapés et relâchés comme un joli poisson que l'on rend à la mer. Chris fait partie d'une chorale de semi-professionnels voyageant l'été pour leurs concerts. Lors d'une tournée, elle a rencontré Thomas. « *Il avait 17 ans, moi 35 ans. Nous sentions bien quelque chose comme une attirance, mais il disait me respecter. Je suis allée vers lui (je fais toujours les premiers pas. C'est moi qui vais dire à un homme que ce serait sympa de prendre un pot ensemble. Ensuite, je lui laisse le choix). Je lui plaisais, c'était évident mais il m'a tout de suite dit : ce n'est pas sérieux. Je lui ai répondu quelque chose du genre : justement !* ». Elle était ravie cette femme mariée que ce ne soit pas sérieux, pas grave du tout. « *On se tenait par la main en se promenant dans la nature et puis cela s'est fait. Je n'étais pas sa première femme mais il était encore très maladroit. Il faisait l'amour comme un lapin. Je lui ai appris la douceur, la lenteur. Je lui disais de fermer les yeux et de se laisser faire. J'adorais masser son corps imberbe. Il n'était pas très grand, trapu, catalan, baigné de tauromachie.*

Il vivait avec des chevaux dans une manade. Il disait que je lui rappelais sa mère. C'était craquant... »

Les hommes qui aiment tant être le premier, savent-ils à quel point il est émouvant pour une femme d'être la première ? Chris se rappelle la fraîcheur de ce jeune garçon qui « *donnait toute sa sexualité d'un seul coup* ». Il n'était pas du tout le genre d'homme qui vous colle au mur. Il n'avait pas encore l'odeur du mâle, ni les gestes, les émois de l'expérience. Pas les mots non plus et sa bouche était fraîche, satinée. Il avait la peau mate, des yeux noirs, des cheveux bouclés comme un petit taureau. « *Quand il me regardait, il avait du soleil dans les yeux. Il était terrien. Il promenait la chaleur du sud avec lui. Il avait plein d'histoires à raconter sur le sable de l'arène et sur ses montagnes. Son sexe n'était pas très grand. Son corps était maladroit et il jouissait trop vite. Je lui ai appris à caresser une femme, lentement. C'était une belle rencontre, pleine d'émotion* ». En lui, elle aimait tout ce qui était à venir, sa douceur, sa force, sa violence. Il était très musclé. « *C'était important qu'il y ait de la chair à caresser, de pouvoir sentir sa peau sous la main, d'enfouir son nez et de caresser le corps ne serait-ce qu'avec le visage. Sa peau avait l'odeur de la garrigue et du soleil. À la fin, il était devenu un petit mâle...* »

Elle s'attendrissait. Lui, la comparait à... sa mère, le même sourire. Les amateurs de psy sauvage y verront évidemment une histoire d'Œdipe tardif. La douce et belle Chris sourit en pensant qu'ils ont eu bien raison de se cacher : une vieille et un jeune, *« les gens nous auraient salis »*. Non, elle pouvait se sentir protégée quand il la prenait dans ses bras. Ils se sentaient sur un pied d'égalité. Ce qui les reliait ? Le rire, la joie, le plaisir, le soleil, la musique : « *Je n'ai pas pensé une seconde à mon mari. Cela n'avait rien à voir. C'était en dehors, la découverte d'un homme plus jeune. Il m'a tellement émue que j'ai pensé, au cas où j'aurais un autre enfant, lui donner son prénom. C'était touchant cet homme qui n'était pas fini »...* Mais quand il est tombé amoureux, Chris lui a dit qu'il fallait arrêter.

Il n'était pas question de vivre avec lui, de quitter son mari, d'avoir un enfant. Ils se sont quittés avant qu'il ne souffre. Le jeune torero est resté comme un bien joli souvenir : « *Je n'ai plus jamais désiré d'homme plus jeune que moi. Comme si je ne voulais pas effacer ce beau souvenir. Comme si je voulais garder intact ce moment de pureté, ne pas faire qu'un jeune homme chasse l'autre* ».

Partir, rester, tout quitter…

Partir, rester, tout quitter, recommencer… aucune de ces questions ne se pose quand on en reste à l'émotion, l'affection, la tendresse. Oui, l'amour alourdit la relation. L'un des deux finit par vouloir plus, mieux, par vouloir tout. L'un finit par aimer en grand, jusqu'à la vie commune tandis que l'autre garde des idées de vacances, de parenthèses, de cinq à sept. Ces désynchronisations de sentiments et d'objectifs entraînent des attentes, des frustrations, des conflits. Oui, l'amour embrouille. On ne sait plus qui on aime : son mari, son amant… Et si son amant devenait son mari, l'aimerait-on toujours ? Faustine et Pascal s'aiment d'un amour passionné. Ils étaient mariés tous les deux. Plus malheureuse que lui en ménage, elle n'a pas hésité à tout plaquer : « *Je suis du genre qui fonce. Pour moi, cet amour est une évidence. Six mois après avoir rencontré Pascal, j'ai quitté mon mari. Sans me poser de questions. Mais en divorçant, j'ai déséquilibré l'histoire. Je me suis démariée pour lui et j'attends qu'il en fasse autant. Il reconnaît que je suis la femme de sa vie, mais…* »

Lui hésite. Ils s'aiment amants. S'aimeraient-ils époux ? Il craint que l'interdit, la clandestinité ne créent la passion, et que le quotidien ne tue les sentiments. Pourtant, il serait tellement dommage de passer à côté de l'amour avec un grand A. Faustine sait qu'elle a rencontré l'homme de sa vie et… réciproquement : « *Quand on aime, on tremble, on s'émeut, on se lâche, on s'abandonne… Le seul moment où j'arrive à ressentir la plénitude est quand je suis dans ses bras. Je ne cours plus après rien, je ne cherche plus le bonheur : je l'ai, il est là. Il n'y a plus de vide, plus de manque. J'ai le sentiment d'être en phase, d'être remplie, comblée et pour lui, c'est pareil. Mais il a peur de l'amour, pas le courage de le vivre. Il ne s'autorise pas à être heureux. Il n'a pas les couilles. Il ne veut pas reconnaître qu'il s'est trompé déjà deux fois, avec deux femmes différentes. Il a peur d'échouer une troisième fois. Il se demande s'il est fait pour l'amour, si l'amour dure, s'il existe...* »

Si ces deux-là s'aimaient moins, tout serait plus simple. Chacun pourrait rester dans son couple et mener sa double vie. Mais elle le veut pour elle seule. Tandis qu'il n'arrive pas à quitter sa femme. À tort ou à raison, Faustine constate : « *On ne peut pas aimer deux personnes à la fois. Je participe à l'équilibre de sa vie. Si je le lâche, son couple est mort. Sa femme est son amie, son associée mais il ne l'aime pas d'amour. Il l'apprécie c'est différent. Elle est sublime, comédienne, quinze ans de moins que moi. Pourtant, il ne veut pas lui faire d'enfant, il ne l'a pas désirée depuis six mois. Il la quittera de toute façon, pour moi ou pour une autre, parce qu'il s'ennuie. Il n'a plus rien à lui dire. Ils n'ont plus rien en commun que les meubles, le compte en banque, plus rien qui le fasse vibrer, plus rien faisant que l'on parle de soi, de ce que l'on ressent, puisque ce qu'il ressent, c'est avec moi* ».

Faustine le met au pied du mur. Lui tergiverse. Il attend, il espère que sa femme le quittera la première. « *Il n'a pas le courage d'affronter de nouveaux conflits, de nouvelles ruptures. On fait l'amour comme des dieux. Un jour, il dit qu'il ne quittera jamais sa femme. Le lendemain, il rêve que nous vieillirons ensemble et qu'il me fait un bébé, pour me voir enceinte...* »

Pascal mélange les grandes questions et les problèmes d'aspirateur : « *Que vont dire les gens ? Que vont dire mes enfants ? Qu'est-ce que l'amour, le couple, quel est le sens d'une vie ? Je n'ai pas envie de racheter des meubles* ». Pascal dit tout et son contraire parce qu'il est perdu. Il aime Faustine et il est très attaché à sa femme. Impossible de quitter la seconde pour vivre avec la première mais dès que Faustine prend ses distances, il panique, rappelle, se jette à ses pieds. Entre sa femme *« une femme en or qui ne l'emmerde pas »* et Faustine sa passion, son cœur balance et change d'avis d'un jour, d'une seconde à l'autre. Oui, l'amour complique tout. Mais sans amour, l'amour caché ne vaut pas la peine d'être vécu longtemps : *« On voit quand un mec nous baise ou quand il nous aime... »*

Aurélie constate : *« C'est une relation bourrée de paradoxes, d'ambivalence et d'incertitudes. On a envie d'aimer cet amant et on l'aime »*. Mais la question récurrente est la suivante : *« N'est-ce pas parce qu'on est amants que c'est génial ? Et si on passe à autre chose, va-t-on continuer de s'aimer ? »* Quand Aurélie a essayé de vivre avec lui, catastrophe ! *« Une première brèche s'est ouverte quand lui, a divorcé de sa première femme, pour moi. Je n'ai pas osé quitter mon mari. L'autre brèche, s'est créée quand moi je me suis séparée. Nous étions libres tous les deux. Je lui ai dit qu'il fallait qu'on cesse de se louper. Qu'il était temps que nous vivions ensemble, depuis le temps ! Alors, c'est lui qui n'a plus voulu. Il n'était plus très sûr de ses sentiments. Il pensait à une autre femme et puis l'amour, est-ce que ça existe ? »*.

La vérité est qu'on a peur de ses sentiments. Comme dit Marie-Odile : *« Il est beaucoup moins dangereux de sauter à l'élastique que de tomber amoureuse. »* On veut bien du sexe et des sensations fortes qu'il procure pour se donner l'illusion de l'amour, mais ensuite, quand il arrive ? Oui, l'amour fait peur. Oui, l'amour complique tout, même la mise en couple. Tout se passe comme si certains amants étaient faits pour le rester...

Des mois de cauchemars…

On pourrait croire en lisant les magazines féminins, en entendant les copines évoquer leurs amants, en laissant parler en soi la force du désir… que l'infidélité se banalise et que l'entourage a l'esprit large. Puor répondre à cela, « *naïveté* » est le seul mot qui vient à l'esprit. En effet, on admet que le show-biz, les personnalités politiques (mais beaucoup plus les hommes que les femmes) se démarient, se remarient, fassent des enfants cachés, aient des maîtresses secrètes. Question de sexe et de milieu. Mais vous et moi ne sommes pas du show-biz. On ne nous pardonnera pas ce qu'on accepte d'une star ou d'un étranger. Et la morale reste bien plus sévère pour les femmes infidèles que pour les hommes dans le même cas.

C'était moi la « salope » !

Ophélie en est encore outrée : acte un, elle est fidèle. Son mari la trompe ouvertement. Tout le monde, ses copains, sa famille sont au courant. Acte deux, c'est idiot mais c'est comme ça : elle finit par se venger. Elle prend un amant. Acte trois : comment a-t-elle pu lui faire ça ! Son mari passe pour la victime de « *cette garce* » (c'est lui qui le dit). Ophélie s'en étranglerait de rage ! « *J'ai eu un amant parce qu'il me trompait à tour de bras, depuis des années. J'ignorais que pour lui et notre entourage, ses coucheries seraient normales (il l'avait toujours fait) et la mienne, la seule et l'unique, absolument scandaleuse ! Ma belle-sœur a été jusqu'à me dire que dans leur famille, on était des gens bien !* »

Qu'on ne s'y trompe pas ! L'infidélité féminine est un scandale. Carla, 43 ans, a vécu un an de cauchemar. Les débuts de son histoire ressemblent à toutes les autres. Carla a tout. Mais ce n'est pas ce qu'elle demande. Elle veut être… quelqu'un et elle veut être elle-même. Une demande maintes fois répétées dont son mari ne comprend pas un traître mot : « *En voilà, des complications !* » Pour lui, elle parle chinois, elle a ses humeurs, ses règles, une histoire de bonne femme. Mais Carla est têtue. Même dans une cage dorée, elle ne se résigne pas à mourir à petit feu. Pour se distraire du vide et de ce mal-être dont elle ne comprend pas encore l'origine, elle prend un amant qui est l'opposé de son mari c'est-à-dire fauché, cultivé, à l'écoute. Coup de foudre ! Elle rit tellement avec lui. Elle parle de tout, de rien. Ils font l'amour deux ou trois fois. Pas terrible, vraiment pas top « *Il était plus intéressé par la conquête que par le sexe* ».

On ne me disait même plus bonjour...

Trop tard pour reculer ! Son mari l'a suivie... « *Il a prétendu qu'il était passé un jour par hasard, en voiture, devant un café et qu'il m'avait vue attablée avec un homme, riant, lui prenant la main, le dévorant des yeux et qu'il avait eu le choc de sa vie. Je crois, moi, qu'il m'avait fait suivre par un détective, mettre sur écoute et qu'il a même mis de côté sa vie professionnelle pour pouvoir m'espionner. Il me faisait sans arrêt des allusions. Quand je lui racontais que j'avais fait des courses, il me répondait d'une voix blanche : "Ah oui ! et pour acheter quoi ?" Un jour, il m'a téléphoné de sa voiture : "Tu me rejoins immédiatement, je sais tout, tu es une salope ! Avec la vie que je t'ai faite ! Si tes parents savaient ça, ils seraient horriblement déçus. Tu passes des bras de cet homme à ceux de tes enfants. Tu es une putain !" Il m'insultait, il ordonnait : "j'exige que tu arrêtes !"* »

C'est ainsi qu'une vie abominable a commencé. Il menaçait de ne plus envoyer les enfants à l'école pour la coincer, elle, à la maison. Il la réveillait la nuit pour lui annoncer que les voisins étaient prévenus et qu'ils acceptaient de prêter leur chambre de bonne. « *J'avais honte du scandale, honte que tout le monde soit au courant de mon "infamie". Je ne sais pas ce qu'il leur racontait exactement mais certaines personnes ont été ignobles. Je me souviens notamment d'un conseiller juridique de nos amis. Jusque-là, il avait toujours été assez chaleureux. Du jour au lendemain, il s'est mis à me toiser, la mâchoire crispée, le regard noir. C'était incroyable, il ne me disait même plus bonjour. Lorsqu'il conseillait mon mari pour le partage des biens, il m'appelait "la pute ou la traînée". C'était un scandale inouï. En France, au 21e siècle, j'étais une femme déchue !* »

C'est au point que l'avocate de Carla lui a demandé si elle ne lui cachait pas quelque chose de grave. « *Quelque chose de grave ?* » La jeune femme ne comprenait même pas le sens de la question. En fait, le scandale était si grand que l'avocate ne pouvait croire qu'il s'agissait d'un adultère simple. « *Mon mari dramatisait tant ce que je "lui avais fait" qu'elle pensait à un vrai crime, à une tentative d'empoisonnement par exemple...* » Pourquoi tant de haine et de scandale ? Carla avance une explication : « *Pour tous ces bourgeois qui ont fait un mariage de raison et qui n'osent pas aller au bout de leur désir, le fait que j'ose vivre et m'affirmer était révoltant. Ceci était valable pour l'ensemble de mon entourage : mon frère, ma belle-sœur étaient à cent pour cent du côté de mon mari. Ce sont des gens qui n'écoutent pas le fond d'eux-mêmes. Ils refoulent tout ce qui en eux est vivant, mouvant, trouble... Au nom de la valeur famille, ils verrouillent tout. Chercher à me comprendre les aurait dérangés* ».

Non seulement ils ne cherchent pas à la comprendre, mais ils la montrent du doigt. Son mari fait chaque jour le même chantage : il l'appelle de sa voiture et elle obéit, craignant les représailles. Là, il annonce qu'il va convoquer son frère (à elle), ses parents pour leur expliquer quelle traînée elle est. Alors, elle se met à pleurer : « *Non pas de tribunal familial !* » Ah ! mais si, il va leur cracher le morceau ! Et eux, si catholiques, si stricts, si fiers du mariage de leur fille ne l'aimeront plus. Carla le croit. Sa famille, exemplaire, va penser aux enfants. Elle fond en larmes.

Un jour pourtant, n'y tenant plus, elle appelle sa mère, une femme fidèle, dévouée, portée toute sa vie par le sens des mots

« devoir et sacrifice ». Carla a quelque chose de très grave à lui annoncer. Elle préfère lui parler en tête-à-tête. Que s'est-il passé ? « *Non seulement, maman n'a pas cessé de m'aimer mais, que je puisse tomber amoureuse, l'a touchée. Bien sûr, elle s'est terriblement inquiétée du fait que je n'avais pas de travail et trois jeunes enfants à élever, mais elle éprouvait à mon égard, une solidarité de femme. Elle m'a même demandé : il était beau ? J'ai répondu avec un petit sourire désolé : "même pas !" Puis papa nous a rejointes. Il m'a serrée dans ses bras. Je pleurais, et lui aussi je crois, quand je leur ai dit à quel point j'avais eu peur qu'ils me rejettent. Leur réaction a été une telle preuve d'amour ! Voyant que mes parents avaient réussi à surmonter leurs principes pour me comprendre, voyant qu'ils m'aimaient encore, j'ai trouvé la force d'aller jusqu'au bout.* »

Et de la force, il en faut pour mettre en péril le bonheur et l'équilibre de trois enfants, pour quitter une famille, pour passer d'un grand appartement à la chambre de bonne infamante des voisins. Ce qui donne l'impulsion ? L'incompréhension d'un mari qui juge sans écouter : « *J'étais prête à être magnanime. S'il avait cherché à comprendre ce que j'étais allé chercher dans les bras d'un autre homme, je ne l'aurais pas quitté. Mais notre relation devenait de plus en plus sordide. J'éprouvais pour lui des bouffées de haine. Lui, répétait que je n'aurais jamais assez du reste de ma vie pour payer ce que je lui avais fait. Mais son amour-propre était beaucoup plus concerné que son amour. Il a promis cette fois de dire aux enfants que leur mère était une pute. Un jour, notre fils aîné, 8 ans, était en train de jouer dans sa chambre. Il l'a appelé : "Ta mère veut qu'on se sépare. On va se quitter, lui a-t-il balancé, maintenant, tu peux retourner jouer"* ».

Plus il était ignoble moins Carla l'aimait. Le cauchemar a duré près d'un an. Finalement, c'est lui a qui demandé le divorce. Trois ans après, Carla est heureuse. Ses enfants aussi. Quant à son mari, il n'a jamais pardonné, ni le frère, ni la belle-sœur, ni le conseiller juridique. Ils ne lui adressent plus la parole. On ne parle pas à une « *putain* ».

Des ruptures, forcément

Oh ! bien sûr, on dit qu'aimer plusieurs hommes est possible. Comme on aime plusieurs enfants, c'est-à-dire sans faire de préférence, en les aimant à la fois beaucoup et légèrement, en sachant passer de l'un à l'autre sans souffrance, ni états d'âme. Ce serait vrai si, au cœur de l'infidélité, les femmes n'avouaient finalement : « *Je cherche l'homme de ma vie…* » Alors trois solutions : ou l'amant n'est pas le bon et elles l'acceptent tant qu'il n'exige pas plus. Ou « *C'est le bon* » et elles le veulent à plein temps. Ou bien encore leur mari, leur compagnon est l'Élu à aimer ou à re-aimer d'autant plus fort qu'on s'est mis en danger de le perdre. Difficile dans ce contexte de continuer longtemps. En cas d'amour mou, les histoires se terminent doucement : « *Les coups de fil, l'amour, les déjeuners se sont espacés. Personne n'a souffert. On s'aimait bien, on ne s'aimait pas. On aura du plaisir à se revoir, à faire l'amour éventuellement. Rien de vital. Quand j'étais petite, ma mère me parlait de mes « camarades de classe ». Ces hommes sont mes « camarades de lit ». C'est charmant, non impliquant. Ce ne sont même pas des ruptures, juste l'espacement indolore de relations qui s'effilochent...* »

Entre raison et passion…

En cas d'amour fort, au contraire, c'est d'abord un écartèlement entre deux hommes aimés, puis une rupture avec l'un ou l'autre. Ariane raconte : « *Un baiser de lui et j'ai cessé de coucher avec mon mari, c'était tellement fort. L'idée de lui me squattait. Je ne voulais pas perdre mon Jules mais cet homme-là, je ne pouvais pas le laisser passer. Et puis je l'aimais tant, j'étais tellement ailleurs dans ma tête et mes sens que je ne pouvais plus tricher à la maison. Alors, j'ai tout avoué : "je t'aime mais il y a quelqu'un d'autre. Je ne laisserai pas passer cette histoire". Il m'a répondu : "d'accord, vis-la !" Et nous avons continué. Avec moi qui étais aux anges parce que je partais retrouver mon amant, et lui qui prenait des airs sinistres. Je voulais avoir la liberté d'aimer les deux.* » L'entre-deux a tenu quelque temps. Le fils d'Ariane rigolait de voir « *Les deux copains de maman* » faire le même diagnostic sur un moteur en panne. Ses amis s'affolaient qu'elle soit tantôt au bras de l'un, tantôt au bras de l'autre. « *C'était très drôle, très rassurant, très enthousiasmant, très consolidant. J'étais ravie. Je pensais seulement qu'il était dommage qu'ils ne vivent pas mieux l'un avec l'autre. J'aurais voulu jouer à Jules et Jim. J'avais l'idéal : mon Jules pour les histoires de famille, le tendre quotidien et de l'autre les nuits, les week-ends passionnés, les e-mails, les textos, le manque, le plaisir qu'il se passe enfin quelque chose. Mais ça ne pouvait pas durer. Les deux ont commencé à trouver la situation très difficile. Aucun ne voulait me partager. Et, à force d'être avec eux deux, je n'étais avec personne...* » Les femmes le disent souvent : « *On croit avoir doublement. On a seulement deux hommes à moitié...* »

Finalement, le mari a craqué et laissé la place. Fabienne elle, lâche l'amant et revient au mari. Pendant quatre ans, elle mène une double vie bien cloisonnée. Elle rentre à la maison s'occuper du ménage, du chien, des enfants comme si de rien n'était. Le reste de son temps se partage entre son travail et son amant. Or, celui-ci doit partir à l'étranger. Qui choisira-t-elle ? Elle choisit le mari, qu'elle n'aime plus, pour la famille qu'ils ont fondée ensemble et qu'elle ne veut pas quitter : « *J'étais tellement malheureuse avec mon mari. Il m'avait bouffé l'existence, fait perdre un temps fou. Mon amant voulait que je le quitte pour partir avec lui. J'ai hésité mais, fille de divorcée moi-même, je ne voulais pas imposer ce chagrin à mes enfants. De plus, j'adore le côté tribu de ma vie avec cette grande maison, ces enfants qui vont et viennent, une vie sociale très riche, le côté "maison ouverte". Avec rôti pommes frites et tartes aux pommes chaudes du dimanche. Jamais le deuxième homme sans enfant ne m'aurait apporté cela...* »

On ne choisit pas forcément celui qu'on aime le plus. On opte parfois pour un mode de vie, celui qui correspond le mieux à ce que l'on est. Ou pour le plus intéressant, financièrement parlant. Nicole a deux amants, l'histoire commence comme une chanson. Disons plutôt qu'elle a un vieux mari (riche) et un jeune prétendant (fauché) dont elle est follement amoureuse. Entre les deux, y'a pas photo ! Sauf pour les comptes en banque. Il faudrait pouvoir concilier le lit et les billets. Dans les romans, au cinéma, on tue pour ça. Odile, ex-petite fille pauvre, se contente de pleurer pour ça. Finalement, elle sera plaquée. Par le beau gosse...

D'autres fois encore, la passion engendre la passion qui déclenche des ruptures spectaculaires et définitives... apparemment. Dès que Ficelle (c'est son surnom depuis l'enfance) mariée depuis six ans, une petite fille de deux ans, est entrée en amour avec Arthur, elle a fait lit à part avec son mari (première rupture, celle de la vie conjugale). Plus jamais, elle n'a fait l'amour avec lui. Et avec l'homme aimé ? « *On voulait faire l'amour ensemble mais on n'y arrivait pas. Il y avait trop d'émotion. Pourtant, je savais que c'était lui. Le jour où nous avons enfin pu faire l'amour, jamais je n'avais connu ça de ma vie. C'était grandiose. On s'aimait, on fantasmait. On dormait dans des hôtels glauques de la porte de Clignancourt. Je rentrais à six heures du matin pour conduire ma fille chez la nounou. Car il m'était impossible de ne pas dormir avec lui. Dès que nous avons été dans les bras l'un de l'autre, chacun a laissé sa chacune. Nous étions dans des chambres misérables, mais cela n'avait aucune importance. On aurait pu dormir dans une écurie. Deux mois plus tard, j'ai tout quitté n'emportant que des slips et quelques bouquins* » (séparation, deuxième rupture).

Arthur la traite comme une princesse. Neuf mois de lingerie, de Cd et de bouquets de fleurs. Il avait un tel sens de ce qu'elle aimait qu'il en devenait médium. Seulement voilà, son mari téléphonait ivre mort à trois heures du matin. Il faisait du chantage au suicide. Il la culpabilisait en lui reprochant *« d'abandonner »* sa fille. *« Jouant les saintes et les martyres, je suis rentrée au bercail. Plus question de coucher avec mon mari, mais plus question de vivre avec mon amant. Je me sentais trop coupable. »* (troisième rupture, avec l'amant cette fois). Ne pouvant se passer l'un de l'autre, ils décident de déjeuner ensemble une fois par semaine *« en copains »* : *« J'en devenais complètement dingue de désir. J'essayais de me concentrer sur mon steak, un cauchemar ! »* L'histoire ne s'arrête pas là. Au bout d'un an de désir contenu, d'abstinence plus que forcée, elle craque sur un jeune amateur de surf : *« 25 ans, rien dans le citron, fluo des pieds à la tête, drôle et joyeux. C'était génial ! Il me changeait tellement de mon merdier conjugalo-amoureux. Il m'aidait à évacuer le désir, le malheur de la séparation, la tension nerveuse ». Oui, mais l'amant (qui, lui, reste chaste) apprend l'existence du surfer : « Il m'a dit ciao, bye-bye à jamais en me demandant de ne plus jamais le rappeler pour ne pas le faire souffrir. Que je rempile avec mon mari, n'était pas trop grave mais avec le gigolo, c'était trop pour lui. Trois semaines plus tard, il était marié. Je n'ai jamais rappelé. Trois ans après, je pense toujours à lui. C'est ainsi qu'à cause d'une histoire de cul, j'ai raté le grand amour de ma vie et... réussi mon divorce ».* Bilan presque inévitable ? Trois ruptures : une indolore (tant pis pour le surfer) une dramatique (la passion de sa vie) une positive : avec son mari, vraiment entre eux ça n'allait plus !

La souffrance d'aimer provoque aussi des ruptures. Cet homme passionné qui aurait tout quitté pour elle, s'est lassé des frustrations et de l'insupportable abstinence que lui imposait sa loyauté à l'égard d'une femme qui était mariée d'un côté et qui surfait de l'autre.

Ça n'avançait pas !

D'autres fois, l'histoire s'emballe, nous réveille, nous révèle. Puis, elle piétine. Ce ne sont plus les élans, les transports qui nous rendaient vivantes. L'amant devient comme un mari, une habitude. Toujours la même chambre, toujours les mêmes gestes, les mêmes mots quand il fait l'amour. On croyait découvrir, apprendre, entrevoir d'autres horizons, un autre soi-même et l'on tombe dans une autre routine, celle de l'adultère. « *Ras-le-bol de se retrouver dans la voiture, dans une impasse, là où personne ne peut nous surprendre, après la pause café. Ras-le-bol du baiser furtif dans la voiture. Ras-le-bol, une fois par semaine, de se retrouver dans le même hôtel glauque, et d'entendre les mêmes mots, les mêmes caresses, de moins en moins soucieuses de mon plaisir* ».

Dans un couple établi, au moins, on peut faire des projets. Dans l'adultère, les seules perspectives sont de faire l'amour, en coup de vent. La relation repose sur le désir, et le désir baisse avec le temps. *« Je ne suis plus amoureuse de lui, il ne me manque plus. Nous passons toujours de bons moments ensemble puis chacun retourne à sa vie. Il n'y a plus cette impatience, cette attente. Il est venu passer cinq jours avec moi. J'ai trouvé cela très long. Oui, nous avons fait l'amour pour joindre l'utile à l'agréable, mais ça n'avait plus le même sens. Nous n'avions plus ce vrai désir qui n'existe qu'avec un homme aimé. C'était bien. Ce n'était plus une nécessité. Et si lui ne continuait pas à me désirer, je n'irai pas le chercher... »*

Pour compenser, reculer le moment des ruptures, des femmes surenchérissent dans les projets de divorce et de vie commune. S'imaginer un avenir de couple masque la désillusion du désir. On ne croit pas vraiment que l'on vivra ensemble, mais on l'imagine pour combler un vide, donner du sens à l'histoire, se persuader qu'on aime encore. Il se peut même que les scènes, les conflits qui s'ensuivent recréent artificiellement cette tension, cette émotion qui sous-tendaient l'amour. On recule la rupture mais elle est là, en germe. Avec ce constat terrible : l'amant n'épanouit pas plus que le mari. Alice Ferney dans son livre *Conversations amoureuses* fait le même constat : *« Il ne l'appelle pas, elle reste prostrée à attendre son coup de téléphone, à aller faire pipi avec le portable dans la poche. Et quand il téléphone, cela dure trois minutes et il passe à autre chose. Ce n'est pas épanouissant. De même que l'art n'est pas forcément beau, l'amour n'est pas forcément épanouissant... »*

Dans ce contexte, la vanité, le côté *« pitoyable »* (un terme souvent repris) de l'adultère peut sauter aux yeux. *« On supporte de moins en moins bien les retards dus au fait que la femme de son amant a eu du mal à gober l'alibi. Qu'il paie en liquide pour ne pas laisser de trace, qu'il s'inscrive à l'hôtel sous un faux nom pour brouiller les pistes et qu'il soit impossible de dormir avec lui parce qu'il a promis à sa femme de rentrer. À un moment, cette relation perd son sens parce que rien ne bouge. Le fantasme nourrit moins le moment. On l'attend, on l'embellit et finalement, il faut quand même rentrer à la maison. On finit par en avoir marre de rêver et de se raconter des histoires qui patinent. On devient de moins en moins bonne pour s'inventer des raisons. On couchait et après, c'était le rien. Je ressentais un vide terrible... »*

Ce qui est beau dans l'amour, c'est de se connaître, d'approcher de près ce mystère qu'est un homme pour une femme et réciproquement. L'infidélité, forcément limitée dans le temps, ne permet pas de développer ces échanges qui donnent son sens à l'amour. Faute du temps nécessaire pour se retrouver, se remettre en confiance, lancer une discussion plus intime... les échanges ne s'approfondissent pas. « *On n'apprend rien* » constate Cécile, extrêmement déçue. La relation ne tient pas ses promesses. Dans l'infidélité naissante, on avait entrevu un renouveau, un autre soi-même, une autre manière d'être et une façon inédite de faire l'amour et d'être une femme avec un homme. Et ça n'avance pas ! Et puis cet amant est-il le Prince Charmant ? Florence se rappelle « *L'amant de sa voisine de palier qui arrivait tous les jours avec sa baguette sous le bras pour déjeuner en vitesse, sauter madame dans le lit conjugal et repartir à 14 heures pétantes... »*

À moins que l'amant ne soit un homme à femmes. Or qui dit homme à femmes, dit femmes au pluriel. Oh ! bien sûr, il noue avec chacune des relations « *privilégiées* ». Mais dans ses bras, on veut être la seule, l'Élue, la Reine. Ainsi finissent les grandes aventures sexuelles dans les bras des amants surdoués. « *Je ne supportais plus d'être l'une des abeilles de sa ruche... Ne pas être la seule finit par faire souffrir. On ne regrette rien, mais on s'éloigne.* »

Fatals déphasages...

Autre cause de ruptures, le déphasage de désir, de sentiments, de projets d'avenir... Les amants n'évoluent pas dans le même sens. L'un des deux lâche le coche. Plus que toi, moins qu'hier, quand la pesée s'en mêle l'amour est mal parti. Lucie se distrait d'un ennui conjugal extrême dans les bras de « *petits camarades* » qu'elle aime bien, sans plus. Pour elle, c'est simple : « *Cela s'arrête quand le type devient con, quand on ne peut plus se parler de tout, de rien parce qu'il exige des choses que je ne peux ni ne veux lui donner : plus de temps, plus de coups de fil, de déjeuners, un week-end ou pire quand il me demande de quitter mon mari que j'aime bien mais que je n'aime pas. Pourtant, c'est saoulant ! Cela s'arrête quand il faut que je me justifie. Ras-le-bol d'expliquer pourquoi je n'ai pas écrit, rappelé, e-mailé... Une bonne moitié du temps, il devient trop exigeant, trop encombrant et c'est la fin* ».

Même raison chez Cécile jeune mère de famille « *gavée d'amour* » par un entourage et un mari débordant de tendresse pour la « *jeune maman* ». Laquelle n'a qu'une obsession : retrouver un corps, une féminité, un désir engloutis par la maternité. C'est alors qu'elle rencontre un premier homme. La relation reste platonique mais elle réveille le désir. Le deuxième s'appelle Marco. Il commet l'erreur de prendre l'avidité sensuelle et sexuelle de Cécile pour de l'amour. « *J'étais en manque donc très très chaude...* » explique la jeune cynique. Marco, nanti de son contresens, devient lourd, ennuyeux, jaloux, collant. Tout ce qu'elle fuit ! Car, à ses basques, s'accrochent déjà un mari, deux enfants, une mère, une belle-mère, des copines… « *Oui je sais, mon discours fait pauvre petite fille riche mais je n'en peux plus. Il est possessif. Il fait chier tout le temps. Le plus drôle, est qu'il ne peut pas comprendre qu'à ce stade de ma vie, je n'ai pas besoin d'une histoire d'amour mais d'une histoire de cul. Pour me sentir revivre de ce côté-là. Ça ne cadre pas avec son image de la femme (encore moins de la mère) mais j'aimerais qu'on le comprenne : de l'amour, de la tendresse… j'en ai jusque-là ! Tous ces regards énamourés sur moi allaitant, sur les bébés (des jumeaux) sur notre « petite famille » tellement blonde, tellement bouclée, aux yeux tellement bleus… Oui, je sais que ce n'est pas politiquement correct. Une jeune maman doit parler couleur layette. Mais je suis gavée par ma mère qui dégouline de cadeaux et de reconnaissance pour sa fille, qui l'a rendue grand-mère, et pour ses « deux petits cœurs ». Je suis bichonnée, surveillée du matin au soir. J'ai besoin d'exploser. De dire des grossièretés. Je veux du sexe, du brutal, une bête. Aucun bon sentiment. Pas une once de romance et Marco débarque avec ses idées rose bonbon, son envie de possession. Forcément, ça ne peut pas durer…* »

Les femmes aussi peuvent trouver que les hommes en veulent trop : trop d'amour, de guimauve, d'engagement ! Certains tombent des nues. Pour Noé, une femme qui accepte de faire l'amour est une femme amoureuse. Impossible d'imaginer, vu sa culture latine, qu'elle veuille seulement s'amuser, ce soir. Il y a parfois une certaine naïveté de l'homme conquérant. Il faut dire que les femmes d'une nuit avancent masquées. « *Peur de passer pour une pute* » commente Cécile. Alors, elle invente des raisons débiles pour justifier cette affaire sans suite : « *Je ne suis pas prête, j'aime mon mari, sois patient !* » De quoi faire souffrir à hurler !

La révélation du déphasage fait l'effet d'un coup de gong qui laisse sonné. Souvenons-nous de Carla. Dans sa cage dorée, elle voulait être elle-même. « *Quelle idée !* » pensait son mari sans rien comprendre à ce « *caprice* ». Elle se met à l'italien. Tombe amoureuse du prof. Il déclare sa flamme. Il l'adoore ! Il ne peut plus se passer d'elle. Elle est le phare de ses nuits, le soleil de ses jours ou l'inverse. Si elle avait été un peu plus attentive, elle aurait su que ce n'était pas l'homme de sa vie. Il était marié, deux enfants. Il avait eu d'autres maîtresses. Et le sexe… très moyen. Mais elle voulait y croire. Et son mari l'accable, la dénonce, la surveille et la menace …

Dans ce monde qui s'écroule, Clara ne voit qu'une lumière, l'Italien. Ils se retrouvent à une terrasse de café. Ce jour-là, Clara fête ses 30 ans. Charmeur et volubile, il est adorable. Alors, elle s'enhardit : « *voilà, mon mari sait tout. Je suis prête à faire le pas, à tout quitter pour vivre avec toi* ». À ces mots, il pâlit. Debout, prêt à s'enfuir, il lui débite les banalités d'usage : « *J'adore ma femme, je ne la quitterai jamais...* ». Rideau, fin de l'histoire. Clara ouvre les yeux : « *J'éprouvais une telle déception ! L'histoire que je croyais sublime n'était qu'un banal adultère.* » Bon anniversaire Clara ! Elle a pleuré toutes les larmes de son corps. Ils ne se sont jamais revus.

Retour à la case sagesse

Comme elle les attendait, la sonnerie du portable, les textos, les invitations à déjeuner, les rendez-vous à l'hôtel, les e-mails de bonjour ou de bonne nuit… Entre son mari, ses enfants, la lessive, elle s'offrait ces plages d'impatience. Il n'appelait pas, elle tremblait. C'était fini ! Il ne voulait plus d'elle… Il appelait, ouf ! Elle comptait les jours. À son tour de le faire languir. Rassurée, elle se faisait supplier et le cycle recommençait. Pour ne pas s'ennuyer (dans sa vie ritualisée par d'autres besoins que les siens), elle jouait au chat et la souris, s'inventait des frayeurs… jusqu'au jour où elle s'est regardée faire. Elle s'est jugée « *pitoyable* ». Avoir un amant, c'était encore se mettre sous la coupe de… Depuis des mois, elle n'osait plus sortir de peur de rater un coup de fil, ni prendre un rendez-vous par crainte de manquer le jour où… Cette dépendance lui a déplu. Elle a décidé de se désennuyer toute seule. Elle a compris que ce n'était pas son mari qu'elle n'aimait pas, mais son mode de vie. Depuis qu'elle retravaille dur, elle se trouve « *plus sainement* » épanouie.

Une question d'image…

Certaines femmes ne s'estiment pas dans le rôle de la femme infidèle. C'est une affaire d'image, négative (même si celle de la femme « *bêtement fidèle* » commence à s'écorner aussi). Oh ! bien sûr, dans le feu de la passion, l'ego se gonfle et la morale se déboussole. Mais le naturel et les principes reviennent au galop, dès que retombe le soufflé de l'amour naissant. Alors l'image de soi en prend un sacré coup. « *Comment moi, si droite, si honnête, si pure… comment ai-je pu en arriver-là ?* » se demande France. *« Ce qui gêne, c'est l'image de soi, cette image de pauvre fille animée d'un besoin animal, une "bête" doublée d'une traître… Céder à la pulsion, c'est vraiment moche et après ? Une fois la pulsion physique satisfaite, tout se complique : soit c'est juste sexuel et c'est dégueulasse. Soit on se sent liée affectivement et comment en sortir ? Pour soi, ça dure un an et pour lui, qui n'arrive pas à couper, dix ans. »* Refroidies après le coup de chaud, les Marie renient Madeleine et reprennent leur juste place au sein du foyer, la tête basse : « *Il y a une tache que je ne pourrai jamais effacer, j'ai menti, j'ai mordu dans la pomme. Je ne pourrai plus jamais me regarder dans une glace en pensant : j'ai toujours été fidèle* ».

Pour Sophie, l'arrêt des *« bêtises »* (c'est son mot) a correspondu à la naissance de ses enfants. : *« Tant que nous n'étions pas une famille, je n'avais de comptes à rendre qu'à moi-même. Mais avoir des enfants a été la chose la plus impliquante de ma vie. À partir de là, je me suis calmée. Il n'était plus question de faire la luciole. Mes parties de jambes en l'air auraient pu se lire sur mon visage. Quand on a une famille, on trompe aussi ses enfants. En leur disant "mes amours" j'aurais eu l'impression de faire rappliquer toute une caserne ».* Et puis le jeu lasse et les joueuses mûrissent. À 40 ans, Marcela s'est sentie renaître. Comme une adolescente, elle a flirté dans le dos des parents avec un beau prof de tennis qui l'avait draguée dans le Club de vacances où son mari et elle, avaient passé l'été. À la rentrée en septembre, elle était toute guillerette, elle aurait bien : *« Repris une petite tranche de gâteau. C'était un magnifique garçon et ma dernière chance, à 38 ans, de mettre dans mon lit un éphèbe de 25 ans. Superbe et gentil ! Je ne voulais pas que la fête soit finie. Mais j'avais du travail. Comment justifier de repartir dans un Club de… vacances ? C'est là que j'ai inventé mon mensonge le plus élaboré. En voyant une copine se fouler la cheville, j'ai eu cette idée lumineuse : en faire autant ! Un étudiant en médecine, un copain m'a plâtré le bout du pied ! Mon mari était tellement désolé pour moi. Et j'insistais : je ne pouvais tout de même pas rester à Paris, coincée avec le pied dans le plâtre. Adorable, mon mari m'a proposé de retourner prolonger mon bronzage. Je l'avais bien eu ! J'avais tous les culots… »*

Deux vies, la mienne et la nôtre…

Pots, réunions interminables, fêtes… beaucoup d'alibis tournent autour du travail. Sophie avait des pots de bureau à répétition et jusqu'à 3 heures du matin ! Elle avait aussi les fameuses soirées entre copines. Il fallait encore surveiller ses gestes, ses mots et cacher sa joie. « *J'en ai eu marre de rentrer chez moi, mine de rien. De sentir la douche à 18 heures. De faire semblant d'être sourde quand mon mari demandait : "t'étais où ?" de faire comme si j'étais dégagée et normale après m'être éclatée, à en avoir les joues en feu* ». Au début, Sophie pensait seulement s'amuser puis, à force, elle s'est sentie faux jeton d'avoir deux vies « *la mienne et la nôtre* ».

Quand ce n'est pas la morale qui précipite le retour à la sagesse, ce sont les complications. Safia a rencontré Jean-Luc « *dans la boîte* ». Ils avaient tous les deux un petit chef dans les pattes. Pour en rire et le supporter, ils se sont soudés. Devant la machine à café, l'un se confiait à l'autre et réciproquement. De fil en aiguille, ils sont allés déjeuner tous les deux, d'abord à la cantine, puis au restaurant. Enfin, ils ont remplacé le snack par l'hôtel entre treize et quinze. Deux ans plus tard, Safia veut rentrer à la maison : « *Au début, avec un collègue on est heureux d'être unis face à la meute mais, très vite, c'est compliqué de tout cloisonner, de s'appeler devant les autres Madame Safia et Monsieur Jean-Luc comme si on ne sortait pas du même lit. On a beau arriver à des heures différentes, venir soi-disant d'endroits différents, tout finit par se savoir. Il y en a toujours pour épier. Or, les coucheries ce n'est jamais bien vu. Les gens ne croient jamais à la sincérité d'une histoire d'amour. Quitte à prendre un amant, autant que ce soit dans une entreprise qui n'est pas la sienne. Le qu'en-dira-t-on nous a détruits. J'ai démissionné* ».

Quels facteurs (autres qu'affectifs) poussent à redevenir sages ? « *Une thérapie* », répond Danièle. Souvenons-nous que l'histoire familiale pousse parfois à la dissipation. Ah ! ces mères tellement frustrées affectivement, sexuellement qu'elles donnent envie de les venger. Ah ! ces pères coureurs qui ont tant fait souffrir maman. On se venge au nom de toutes les femmes, en prenant les hommes et en les jetant. Tous, sauf le sien, une sorte de papa lui aussi. Ces images paraîtront simplistes sans doute mais il y a du legs dans l'infidélité. Danièle ne pouvait pas imaginer suivre le chemin de sa mère. Elle avait décidé, enfant, de s'accorder du plaisir, sexuellement, et pas un plaisir décentré sur la nourriture comme sa maman. Au cours de son analyse, elle a appris à ne vivre que pour son propre compte. Sa mère n'a plus occupé la même place. Dans ce réajustement, son désir a perdu en puissance. Il est toujours très présent, mais moins brut, moins sauvage. Il a pris du sens. Elle est plus en distance. Danièle ne se jette plus à corps perdu dans les aventures qui ont été le grand bonheur sexuel, sensuel de sa vie de femme : « *Mon désir et mon plaisir se sont civilisés ce qui est très dommage...* ».

Je recommencerai…

Plus on fait l'amour, plus on est dragué. Judith en est convaincue : *« Une femme qui va bien sexuellement, attire les hommes comme des mouches… »* Toutes ces années, elle avait été transparente malgré son incontestable beauté. Pas disponible, pas la tête à ça : les hommes ne la voyaient plus. Elle ne voyait plus les hommes. Bref, un amant lui rend le plaisir d'être, de séduire, de vibrer. Elle reprend confiance en elle, se croit amoureuse et peut-être l'est-elle. Mais l'histoire tourne court, pour des quantités de raisons. Elle décide de rentrer à la maison. L'adultère n'est pas si facile à vivre. Son mari ne sait plus l'aimer, ni la valoriser. Mais il est… son mari, le père de ses enfants : *« J'ai pensé : maintenant, arrête tes conneries ! Ta vie est là, essaie de construire quelque chose. Je me suis recentrée sur mon couple avec application. Je me suis remise à faire l'amour. En continuant à me forcer. Je ne me disais plus : j'écarte les jambes et je ne pense à rien. Mais plutôt : écarte les jambes et essaie d'éprouver quelque chose… »*

Retourner à une vie « sans rien » ?

Mais elle continue d'être courtisée. L'effet amant se prolonge… Aux hommes, elle a envie de dire : *« Bon, assez joué, j'ai déjà donné. Je ne suis pas celle que vous croyez. J'ai craqué une fois, parce que j'étais amoureuse mais c'est terminé : j'ai une famille, des enfants. Tout va bien »*. En même temps, comment retourner à une vie *« sans rien »* ? A une vie sans vie, sans excitation, sans émotion, sans plaisir ? Le jeu, l'impatience lui manquent. Elle reconnaît leur côté factice mais entre vibrer en mentant, en trichant, en souffrant et ne pas vibrer du tout, elle n'hésite pas. C'est alors qu'entre dans sa vie le professeur d'éducation physique et sportive de son fils collégien. À la réunion parents-profs, elle s'avance vers ce blond musclé, moustachu, un rien goguenard qui l'a déjà repérée. Ils se recroisent plusieurs fois dans la rue et s'arrêtent pour bavarder. Un jour, elle lui raconte que Thomas (son fils) charme tout le monde. Même le pédiatre a craqué pour lui. Commentaire du prof : *« Normal, j'ai bien craqué pour la mère »*. Une autre fois, elle lui explique autour d'une tasse de café, dans un bistrot, pourquoi elle n'aura plus jamais d'aventure : *« C'est trop impliquant, trop déséquilibrant, trop... décevant »*. Mais, plus elle lui dit pourquoi il n'arrivera rien, plus il lui dit combien elle lui plaît. Naturellement, Judith replonge. Naturellement ? Oui, parce que, de ses précédentes aventures, son mari n'a rien vu, rien senti, rien changé d'un iota. Et que les raisons qui la poussaient à chercher ailleurs, tendresse et réassurance, demeurent. Retourner à son couple exclusif serait une manière de retourner au néant de la séduction et de la relation. *« Tant que la maladie n'a pas disparu, il faut avaler ses médicaments. Si l'amant est le médicament du couple, alors, il faut bien continuer jusqu'à complète guérison... »*

Il y a aussi quantité d'histoires qui s'arrêtent et… qui reprennent. On se fâche, on se retrouve, on se perd, on se reprend… « *Et puis un jour je ne l'ai plus aimé* », raconte Violaine. Était-ce fini-fini ? Non « *car le jeu me manquait...* » Voyons encore toutes les femmes qui refusent de se cantonner à un seul homme pour la vie. Danièle est en stand-by pour l'instant, parce qu'elle est occupée à faire carrière dans un métier qui la passionne, mais dès qu'elle en aura le loisir, elle commencera une histoire avec cet homme qui lui plaît de longue date. Elle ne veut pas passer à côté d'histoires fortes. C'est trop intéressant, trop enrichissant. Restent les femmes qui puisent chez un autre homme la force de quitter une union malheureuse. Bien des amants sont rebutés d'avoir à jouer ce rôle. Ils préfèrent une relation légère ne provoquant ni drame, ni cataclysme. Il faut parfois plusieurs hommes pour trouver le bon, mais plusieurs hommes aussi pour avoir le courage de quitter le sien.

Bonheurs et solitude de la double vie…

Les doubles vies peuvent commencer par une passion contrariée ou désynchronisée. Celle de Léna était les deux. Elle a 34 ans aujourd'hui. Elle est mariée depuis 10 ans. Elle aime en secret son deuxième homme (qui fut le premier) depuis 19 ans. Ils se sont connus adolescents, pendant les vacances. Ils habitaient à l'opposé, elle en Bretagne, lui au Pays Basque mais se retrouvaient tous les étés chez leurs grands-parents respectifs, en Dordogne. Au début, elle tombait sur lui « par hasard », le guettait à la messe. Puis elle est allée promener son chien vers sa maison. Ainsi est née leur amitié d'ado, dans un cadre champêtre, au fil des rivières et des clairs de lune. Pendant un an et demi, ils se sont confiés, adorés, manqués. Ils étaient fous l'un de l'autre, s'écrivaient des lettres passionnées puis repartaient chacun de leur côté, reprendre le lycée.

Choisir ? Entre son père et sa mère…

Léna avait 15 ans, lui 18 quand ils ont fait l'amour pour la première fois. Un coup de foudre sexuel aussi. Il était évident pour eux deux qu'ils étaient faits l'un pour l'autre, mais les parents n'étaient pas trop d'accord. Ils étaient trop jeunes, pas du même milieu… C'était en 1986, il n'y a pas si longtemps, les parents de Léna lui ont interdit de revoir ce garçon. Elle a boudé pendant trois ans. Rien à faire, ils ont tenu bon. Lui, plus raisonnable, est entré dans le jeu des familles tandis que la jeune fille se demandait comment elle pourrait vivre sans lui : « *Nous avons passé notre vie à nous attendre, à nous louper, nous retrouver. Je l'appelais tout le temps. J'en étais folle, je l'avais dans la peau et réciproquement. Mais cette passion me faisait peur. Je me sentais envahie, elle était compliquée à gérer. Je craignais que ce ne soit destructeur... »*

Léna a commencé à prendre un peu de distance tout en l'appelant souvent. Puis, lui, a rencontré une fille plus âgée que lui (il a toujours été assez coureur). Elle lui a fait un enfant dans le dos. Il avait 20 ans. Il l'a épousée car c'est un type bien. *« Le matin de son mariage et pendant toute la lune de miel, il m'a téléphoné tous les jours. Elle le savait. Nous sommes restés sans nous voir vraiment pendant trois ans. J'ai rencontré mon mari. Je me suis mariée en blanc, à l'église. Pour moi, c'était très important. Je l'adorais. Je m'engageais pour la vie...Un matin, le premier m'a rappelée et tout a recommencé.»* Le bonheur de la double vie qui dure est d'aimer deux hommes, profondément, différemment. En étant incapable de choisir entre eux, comme entre son père et sa mère.

Le cloisonnement est facile quand on aime ses deux vies, ses deux hommes. Parce qu'on est pleinement avec l'un ET avec l'autre. Agathe, 52 ans, a vécu pendant quatre ans entre sa famille et son amant (qui était marié, lui aussi). Aisés et ne voulant pas aller à l'hôtel, ils avaient loué un studio où ils se retrouvaient régulièrement. Aujourd'hui, dix ans après, elle est encore tout étonnée que personne ne se soit rendu compte de rien : « *À la maison, j'étais parfaite, absolument irréprochable. Je m'occupais des uns et des autres, je faisais la cuisine, je faisais faire les devoirs... sans penser à mon autre vie. Je cloisonnais à la perfection. Je suis tellement entière ! Jamais je n'aurais pensé pouvoir mener une double vie...* » Dans ces doubles vies heureuses, le risque tient au bonheur même : « *On est enrichie par un nouvel amour. On reprend fait et cause pour les causes de l'autre. Mais cet engouement soudain pour la lutte contre la pollution, la galaxie d'Andromède, le bio, le jogging ou le fado portugais peut nous trahir. C'est tellement investi, affectivement chargé que ça ne peut pas venir d'une amie ou du boulot. »*

Les deux relations intéressent, enrichissent. Les deux relations comptent plus que tout. Avoir à choisir serait un déchirement. Cécilia par exemple, raconte sa vie de famille avec son mari, leurs rigolades autour de la table, leur bande de copains formidables, leur bonheur quand ils font les brocantes pour aménager leur maison. Et puis il y a Serge, l'homme qui lui a révélé son talent pour la peinture. Tout a commencé par des cours de dessins, continué par des visites d'expo. La même tournure d'esprit, le même humour, la même sensibilité, le même goût, les mêmes mots. L'impression d'être chez elle, chez lui, à sa place. Non pas, qu'elle ne soit pas elle-même avec son mari mais Serge est son double, son âme sœur au masculin. Sexuellement, c'est aussi bien mais différent. Son mari est fougueux, très désirant. Il fait l'amour souvent, n'importe quand avec l'appétit du bon vivant. Serge aime la lenteur, le raffinement, l'amour pour la spiritualité, la sensation fine. Comme elle aime être dans leurs bras !

C'est l'idéal en somme, ces deux hommes depuis dix ans, ces deux richesses, ces deux univers qui lui apportent tant. Cécilia enfonce le clou : « *Je ne cloisonne pas. Ils existent tous les deux. Ils font partie de moi. Je n'ai pas le sentiment que l'un ou l'autre m'apporte quelque chose qui me manque parce que je n'ai pas le sentiment d'être incomplète. C'est à moi de me construire, ce qu'on fait toute sa vie. Or tous les deux m'apportent un éclairage qui m'enrichit. Chacun, dans l'échange, m'aide à développer en moi des aspects différents sans rien retirer à l'autre. Tous les deux me nourrissent. Je ne comble aucun manque. Ce qui m'intéresse en chacun, c'est la personne, la relation dont il serait tellement inutile et dommage de se priver. Tromper ? Ça n'a rien à voir. Nous avons passé ensemble une sorte de pacte de loyauté. Eux comme moi, quoi qu'il nous arrive, nous sommes là. Entre nous, c'est une sorte de fraternité, une fiabilité qui donne une force considérable. Vieillir par exemple ne me terrifie pas : je me sais aimée* ».

On ne peut plus s'abandonner …

Voilà pour les bonheurs. Mais il y a le secret nécessaire.

Justement parce que Cécilia aime ses deux hommes. Et que, dire à l'un qu'elle est avec l'autre, ferait du mal inutilement. Quel est le prix à payer pour cette double chance ? C'est la fin de la fusion : *« Plus jamais on ne peut se laisser aller à la fusion, à l'abandon ni dans les bras de l'un ni dans les bras de l'autre. On ne pourra plus jamais « être » en toute spontanéité. Ces deux relations, ces deux hommes, c'est du cristal. On ne fusionne plus jamais avec personne. Il faut sans cesse revenir au contrôle de soi, sur soi. ».* Il faut aussi rester en distance par rapport à ses amis qui n'ont pas à savoir *: « Je ne vois pas quelles discussions je pourrais avoir à ce sujet... »*

« *On croit que les femmes qui ont deux hommes sont moins seules que les autres et c'est exactement le contraire...* » constate Cécilia qui, évidemment, mesure sa chance et… sa solitude. Elle doit veiller sur l'un et sur l'autre. Être attentive aux deux, tout en se sachant au bord d'un cratère, dans un équilibre précaire car tout peut exploser du jour au lendemain. « *L'inconfort, c'est d'assumer jusqu'au bout et de puiser dans des réserves de courage. Il faut d'autant mieux se tenir dans la vie. C'est une dette que l'on a par rapport à ses deux hommes. Ne rien dire d'eux. Et accepter la solitude. Personne ne peut comprendre autour de soi ce que l'on vit. Personne ne pourrait comprendre que l'on se plaigne...* » Évidemment, Cécilia fait partie des quinqua. À cet âge, à Paris nombre de ses amies sont divorcées et… seules. Aucune, malgré son empathie ne pourrait l'écouter raconter qu'elle se sent parfois très angoissée, inquiète de l'avenir. On lui répondrait qu'elle en a deux, quand tant d'autres n'en ont aucun, et qu'elle s'est mise toute seule dans ce bourbier…

La tête haute, Cécilia fait face. Ce qu'elle redoute le plus ? L'impossibilité du partage. De ne pas pouvoir être aux côtés de son deuxième homme s'il lui arrivait quelque chose. De ne pas pouvoir prendre soin de lui si un jour il était malade et, réciproquement, de ne pas pouvoir compter sur sa présence si sa vie à elle, tournait mal… La difficulté ? Ne pas pouvoir vivre à fond ses deux amours. Pour le reste, elle ne craint rien. Avec chacun d'eux, c'est à la vie à la mort. Il faudrait qu'ils ne soient plus eux-mêmes pour ne plus les aimer. Et si jamais l'un d'eux la trompait ? « *Ça ne m'épanouirait pas, mais ce ne serait pas la fin pour autant.* ». Pour conclure et pour qu'on comprenne bien à quel point il s'agit d'amour dans les deux cas, Cécilia dit : *« Ce qui m'intéresse dans l'aventure extraconjugale, ce n'est pas l'aventure, mais la personne ».*

Alors, heureuses ?

Pendant l'infidélité, les femmes sont euphoriques mais pas très tranquilles. Euphoriques (surtout au début) comme on peut l'être quand on est la reine de la fête, quand on se sent désirable, quand on vit et vibre de tout son être, de tous ses sens. « *J'étais folle de bonheur. Pour une fois je pensais à moi. Je me sentais comme dans cette pub pour une marque de chaussures. Vous savez, celle où une femme sort de son panier une sandale qu'elle agite au-dessus de sa tête, comme on agite un diplôme, un cadeau, comme on exhibe son joker, bien contente d'avoir une botte secrète. Eh bien moi, j'avais envie de crier sur les toits : "j'ai un amant !" Ce que je sortais de mon panier, ce n'était pas une pompe mais un homme qui bandait, dès qu'il me voyait* ».

Pas très tranquilles…

À l'immense bonheur de plaire et de faire de l'effet, s'ajoute la joie enfantine de commettre des bêtises dans le dos d'un parent-mari. Car on s'amuse dans l'infidélité de tous ces petits jeux amoureux : passer des coups de fil en douce, regarder ses textos, lire une lettre sous le manteau, mentir, se donner rendez-vous, dire qu'on va là, alors qu'on va ailleurs ! Et comme on rigole de mettre une copine dans le coup pour le cas où notre homme nous chercherait. Cette clandestinité joue un rôle dans le plaisir. Elle réveille la vie, la pimente, la rend terriblement excitante. Et puis, on se sent reconnue pour ce qu'on est. Tant pis pour ceux qui n'ont pas su voir, profiter, apprécier nos ébouriffantes qualités : « *J'éprouvais une véritable jubilation à tromper mon mari. Je me disais : "tiens, tu n'as pas voulu reconnaître tout ce qui était merveilleux en moi, eh bien, un autre en profitera…"* » Oui, heureuses les femmes infidèles le sont dans ce sens-là. Comme si, dans l'impatience du désir, on s'emballait pour soi-même.

Mais, le plaisir est un peu gâché par la honte chez Sophie : *« On n'est pas très fière. On n'est pas censée vivre avec un homme et coucher avec un autre, mais... on se sent belle ! »* Un plaisir gâché par la honte donc, ou par « *la trouille* » pour Caroline. Elle a dû lire trop de romans policiers et voir trop de films noirs, car circulent dans son esprit bouillonnant, quantité d'images de flagrants délits d'adultère. En pleine action avec son amant, elle peut s'imaginer qu'un photographe véreux va débouler dans la chambre et la flasher ou encore supposer, quand elle quitte l'hôtel, que son mari la suit. Elle regarde derrière elle et, machinalement, dans son rétroviseur. Ou bien encore elle se persuade que son mari la trompe. Derrière ses mots doux, ses phrases aimantes se cache peut-être un faux jeton. Elle ment bien, elle, et sans qu'il s'aperçoive de rien. Pourquoi pas le contraire ? Panique encore car si sa seconde histoire d'amour venait à s'ébruiter, elle perdrait du même coup, son mari, son amant et son boulot (elle travaille « *très étroitement* » avec son patron). Elle imagine la honte. On l'accuserait d'avoir bénéficié d'une « *promotion canapé* ». Ce serait l'apocalypse ! Si bien qu'en rentrant à la maison et en trouvant son homme tranquillement assis dans son fauteuil, à lire le journal, elle respire en pensant : « *Ouf ! même pas punie* ».

Je me suis perdue et je me suis trouvée

Avoir un amant dans sa vie, inquiète et galvanise. Surtout quand l'amour s'en mêle. Véronique se tord les mains : *« Quand est-ce que je vais arrêter de l'aimer, d'avoir besoin de lui ? Faut que ça s'arrête ! Dans ces conditions, on ne peut pas construire sa vie à soi. On n'a pas le temps de mener deux histoires de front à long terme. Il faut savoir dans quelle histoire on va, sinon on est écartelée ».* Puis elle s'interrompt avec un humour caractéristique : *« C'est génial ce frisson. Cette souffrance, ces bonheurs. On oublie tout ! »* C'est inconfortable peut-être mais le jeu en vaut la chandelle : *« Ah ! faire bander un homme ! »*

Et ensuite ? On se demande si « les histoires d'amour finissent mal en général », comme chantent les Rita Mitsuko, et cela d'autant plus qu'elles sont adultères. Difficile en effet de se partager entre deux histoires. Souvent entières, les femmes veulent choisir entre l'un ou l'autre : *« C'est elle ou moi ! ».* À moins que ce ne soit du côté du mari, ou de l'amant, que les choses se gâtent. Le mari devine. L'amant aime trop ou l'amant n'aime plus. Pour que dure cette double vie, ce double amour, il faut avoir la sagesse de ne pas demander à l'histoire plus qu'elle ne peut donner. Quand il est une passade, l'amant n'a aucune importance. Personne ne se rend compte de rien. Le couple n'en subit aucun remous. Mais quand on l'aime… il est un véritable cataclysme qui chamboule tout. S'ensuivent des bouleversements, des larmes, des désirs et des plaisirs extrêmes et tout un cortège de crises, de passions, de tensions relatives à l'homme. Et aux métamorphoses et repositionnements qu'il provoque et autorise.

Oui, alors les femmes sont malheureuses. Elles voudraient revenir en arrière, n'avoir pas aimé, jamais trompé… Et puis non, finalement, elles ne regrettent rien. De cette passion, de cet échange, du feu qui les a brûlées ou de cette légèreté qui les a distraites, elles ne renient rien. C'était si vivant. Sans cela, disent-elles, elles *« seraient mortes ».* Elles seraient restées ou devenues des femmes trop sages, trop tristes qu'elles n'auraient pas voulu connaître. Le passage de cet homme dans leur vie, laisse des traces souvent positives : *« Il m'a aidée à m'épanouir, c'est le but… ». « Je ne regrette rien. J'ai grandi et ça va mieux. Je subis tellement moins. Je ne suis plus celle qui pleure sans rien comprendre à ce qui lui arrive. Oh ! je suis toujours malheureuse. C'est toujours une question de solitude. Mais avant, j'étais dans le brouillard. J'étais dans ma cuisine en larmes et je me disais : "j'ai un mari, des enfants, un métier pourquoi ça ne va pas ?" Je pleurais parce que j'avais un mec qui me rendait malheureuse. Cependant, je n'osais pas me le dire. Mes maux de ventre, s'expliquaient par tous les non-dits qui se cristallisaient-là. Aujourd'hui, je ne suis pas plus heureuse avec un amant. Mais je sais pourquoi je pleure et la raison est nettement meilleure. Je pleure parce qu'il est loin et qu'il me manque... »*

Oui, il y a des ruptures. On quitte (ou l'on est quittée). Pourtant le souvenir qui en reste, semble plus rose que noir. Même chez celles qui se sont brûlé les ailes. Sapho était une femme exigeante, excessive. Joueuse, elle a voulu boire, fumer, faire la fête, avoir un mari et des amants comme on joue à la loterie : *« Passera, passera pas ? »*. Elle a tout perdu, ses hommes, la jeunesse, la beauté aussi. Mais elle en rit. Aujourd'hui encore, parlez-lui des sages, des fourmis, des raisonnables qui vivotent à côté d'un mari moyennement aimé, admiré, toléré, elle répond : « *Tout sauf ça !* ». Elle a tout vécu, tout connu, divorcé souvent, aimé à la folie. Elle est âgée, elle est seule, mais avec le panache de celles qui assument, elle constate : « *Je suis seule, comme toutes les femmes de mon âge, mais il me reste de grands souvenirs...*».

Pas de regrets non plus pour celles qui se sont appuyées sur un amant pour avoir la force de s'installer dans la vie qui leur convient : « *Cet homme m'a redonné une existence sociale, à moi que l'on voulait contraindre aux confitures...* » Grâce à lui, Laurence s'est mise au travail, un petit boulot de correctrice, ingrat, prenant, mal payé. Malgré les critiques de son mari elle a persévéré, suivi des cours du soir. Aujourd'hui, elle est secrétaire de rédaction dans un grand journal, une belle victoire, à l'arraché, qui n'aurait jamais été possible sans les encouragements d'un homme aimé. Il est sorti de sa vie mais sa trace – bénéfique – demeure, car il l'a poussée dans la voie qui était la sienne : « *Quand cela s'est arrêté, ça a été très dur. Mais j'avais grandi. Mes relations avec les autres étaient modifiées. On me respectait et désormais, j'avais des choses à faire... À ma première prime, mon mari a dit : « et tout ça nous fera dîner à quelle heure ? » Mais c'était devenu sans importance. Je savais désormais ce que je voulais et ce que je valais. Plus personne ne me freinerait. J'avais fait un choix, celui de la famille. Mais justement c'était un choix. Je n'étais plus la femme passive qui se laisse porter par la vie, je décidais. Et j'avais décidé de rester avec mon mari malgré tout. Aujourd'hui, je n'ai plus besoin d'être révélée. Je n'ai plus besoin d'une liaison, ni même d'une aventure. L'infidélité est un temps de la vie. Et ce temps-là est fini...* »

L'amant n'est pas toujours important en tant que personne. Souvent, il est seulement le catalyseur servant à mettre en route le mouvement qui va faire bouger sa vie : « *Il était temps que je vive... J'ai épousé mon mari quand j'avais 20 ans. Je n'ai pas eu de jeunesse, pas eu beaucoup de bonheur à me dévouer à une famille, des enfants, un mari très absent. En rencontrant un autre homme, j'ai pensé que j'allais vivre un peu pour moi. Et qu'il était urgent que je le fasse. Grâce à cet homme qui croyait en moi, j'ai repris des études, gagné de l'argent. Nous nous sommes quittés, mais tout ce bénéfice est resté...* »

Si on rencontre rarement le bonheur dans l'adultère (mais beaucoup de moments de joie), on découvre grâce à lui une vérité sur soi, sur son couple, sur l'amour. L'infidélité est l'occasion d'un état des lieux quasiment impossible à dresser toute seule. L'amant donne la force et le courage de la lucidité. Lise comprend qu'avec son mari, c'est fini : « *J'en étais à mon deuxième mariage. J'avais peur de m'avouer qu'encore une fois, ça n'avait pas marché. Pourtant, je m'étiolais. Mon mari était un type bien mais il ne montrait rien. En sept ans, nous n'avions pas avancé d'un pouce dans l'intimité, la connaissance de l'autre... J'ai pris un amant, John, qui donnait, qui parlait, qui existait. Il n'a pas voulu quitter sa femme. Aussi a-t-il fallu que je quitte mon mari pour... personne. Ce fut difficile mais nécessaire. John m'avait fait comprendre que c'était mûr, fini, sans me proposer autre chose. Je n'ai jamais oublié cet homme. Une fois, je l'ai rappelé. Il a pris une voix très tendre pour me dire que oui, il lui arrivait de repenser à moi, mais qu'il ne regrettait pas sa décision de rester avec sa femme. Je me souviens qu'elle s'appelait Rose...* ».

Dans l'adultère, dans la crise, dans la séparation, les êtres, les sentiments apparaissent tels qu'ils sont. Or, il semblerait qu'on ne regrette jamais d'avoir ouvert les yeux. « *Je passais d'une aventure à l'autre sans aimer personne. Un jour, j'en ai eu marre des mensonges, des cachotteries. J'ai compris que, coincée dans ce mariage qui ne me convenait pas, j'essayais de m'emmerder le moins possible. J'ai alors compris que j'avais de l'appétit pour tout. Que je ne ferai jamais d'enfants avec mon mari et que je cherchais toujours l'homme de ma vie...* »

Soulagées d'être passé à autre chose...

Dans l'infidélité les femmes (contrairement aux hommes ?) cherchent moins le plaisir que le bonheur. Et si possible, avec l'homme idéal. Les générations à venir seront différentes peut-être. Des libertines déjà pratiquent la variété sexuelle comme un art de l'amour. Mais, dans cette enquête en tout cas, elles restent minoritaires. Ce que cherchent les femmes infidèles, c'est un homme qui les rendra fidèles. Un Prince Charmant dont elles pourront dire comme Marie Dubois dans Jules et Jim : « *Il ne me laisse ni le temps ni l'envie de le tromper* ». D'ailleurs, quand elles trouvent cet homme providentiel, les ex-coquines ne le lâchent plus et deviennent d'une exemplaire fidélité. Ariane a fini par « *trouver le bon* ». Même longueur d'ondes, même tournure d'esprit, mêmes envies au même moment. Il l'adore et elle commente : « *Il se passe un truc si fort, tellement important que je veux y consacrer tout mon temps, toute ma disponibilité psychique. Tout ce qui n'est pas lui est du temps perdu* ». Son amant fait-il un bon mari ? « *Sexuellement, c'est mille fois mieux qu'avant, quand nous étions amants. J'adore le quotidien. On a plus de temps. À cinq heures, je ne suis pas obligée de me rhabiller pour rentrer chez moi. Le temps ne se limite plus à être au lit. On a des tas d'autres choses à partager et quand on fait l'amour, chouff ! C'est le pied. Que nous soyons mari et femme, n'a rien changé... en fait, c'est mille fois mieux.*

Je vous le disais le cœur et le cul ensemble, je ne connais pas mieux. Quand on tient ça, pourquoi perdre du temps à quelque chose de forcément moins bien.... »

Et quand elles restent avec leur mari ? Le fait d'avoir eu un amant, leur donne la force de changer les choses. « *Il n'était plus question d'être traitée comme de la merde,* se souvient Laurence. *En travaillant, je me suis donné les moyens de quitter mon mari. Du coup, il s'est mis à me parler sur un autre ton. Je suis devenue, si ce n'est une femme aimée, du moins une femme moins maltraitée et plus estimée. Apparemment en tout cas. Et cela suffit pour que ce soit vivable. Sans cela, sans cette aventure qui a permis de repositionner les choses, soit je me serais foutue en l'air, soit je serais partie sur un coup de tête, sans rien en poche, pour finir par revenir vers mon mari encore plus vulnérable ...* »

Bref, l'aventure qui n'est pas transformée en grand amour l'est en maturité (si mûrir consiste à mieux se connaître et à trouver sa place dans sa vie) : « *Tout ce que j'ai fait pour épater mon amant et pour sublimer cet amour qui ne pouvait pas se vivre. Tout ce que j'ai acquis en maîtrise de moi-même sont des bénéfices gagnés à vie. Je n'ai pas tellement aimé avoir un amant : trop de triche, trop de doutes, pas assez de plaisir... Mais j'ai aimé ce que j'en ai fait. Car j'ai réussi à transformer ces bouleversements en succès et en autonomie : je ne serai plus jamais dépendante. Je n'ai pas aimé les larmes, les crises, la peine provoquées mais ce n'est ni du temps, ni de l'énergie perdus quand on peut les utiliser à la construction de soi* ».

Et si c'était à recommencer ? Eh bien, oui, la plupart des femmes recommenceraient. Éva a quitté le mari qui la rendait bien malheureuse. Pascaline est avec l'homme de sa vie, l'homme qui lui plaît de corps et d'esprit et qu'il lui est impossible de tromper. Vérène ne vivra pas avec son amant qui ne ferait pas un bon mari. Mais elle rêve de rencontrer un homme qu'elle pourra « *Aimer en entier avec ses qualités et ses défauts...* » Aucune de ces femmes ne semble regretter une infidélité qui, disent-elles, leur a « *permis d'avancer sur le chemin de soi* » mais que de galères pour arriver à ce point d'équilibre ! Leur conclusion sur cette « *bienheureuse infidélité* » que l'on nous vante ? Une conclusion nettement plus nuancée, Vérène résume ainsi : « *Si c'était à revivre, je le revis, mais qu'est-ce que je suis heureuse d'être passée de l'autre côté* ».

CONCLUSION

L'archétype de la femme du couple fusionnel est incarné par *Yoyo* dans le film *Un air de famille* de Cédric Klapish. Cette femme vit dans l'ombre de son mari qui fait carrière et n'en fait qu'à sa tête. Elle est fière d'être l'épouse du grand homme et se contente des retombées de gloire qu'il consent à partager avec elle. Est-elle malheureuse ? Non, elle n'imagine pas que l'on puisse vivre autrement. Mais elle n'a ni désir, ni ambitions propres. Elle est femme de... Même si le film verse dans la caricature, il est évident que le couple fusionnel nécessite que l'un des deux se dévoue à la réalisation de ce couple-là.

Et moi alors ?

Ce modèle a du plomb dans l'aile. Il suffit, pour s'en convaincre, de voir la consternation d'Agnès Jaoui, sa belle-sœur, qui refuse absolument d'entrer dans ce mode de fonctionnement conjugal. Elle veut une vie autonome, une vie où elle existe, quitte à souffrir de ses exigences... Certaines femmes infidèles sont des *Yoyo* découvrant le plaisir que l'on peut prendre à vivre pour soi, à être intéressante pour quelqu'un, à sortir de ses rails... Ce ne sont pas les difficultés d'ordre sexuel qui expliquent les infidélités. Mais l'engloutissement d'un moi perdu de vue, dans le fonctionnement conjugal et familial. Attention, on ne dit pas que toutes les femmes se sentent sacrifiées et transparentes. On dit seulement que celles que nous avons rencontrées trouvaient dans les bras d'un amant le sentiment d'être une personne intéressante en soi.

Elles cessaient de tricher, de se couler dans le moule du maritalement correct. Elles lâchaient les vannes. Elles se découvraient. C'est pourquoi l'idée de *« tromper »* leur mari était parfois si lointaine. Tromper ? Mais elles le trompaient déjà au cœur du couple, en jouant le rôle de la bonne épouse, heureuse et souriante, bien dans sa vie, bien dans le dévouement et le temps donnés à tous. « *La tricherie commence-là,* disaient-elles, *avec le sourire affiché, les larmes refoulées pour ne pas faire d'histoires…* »

Si, dans l'infidélité, les femmes demandent quelque chose à leur couple c'est un peu moins de rôle et un peu plus de place pour être soi. Non pas un soi formaté qui rassure tout le monde. Mais un soi changeant, composé d'élans, d'états d'âmes, de contradictions, de légèreté, de profondeur, de rêves, de bêtises, d'enfance, de sensualité, de doux maternage… Un moi dans tous ses états qui soit accueilli et aimé pour cette diversité même. Les hommes, parfois, se demandent ce qu'ils doivent faire pour contenter une femme, la rendre heureuse. La réponse ? Encouragez-la, laissez-la être elle-même librement, sans jugement ! Qu'elle puisse se déployer et s'épanouir en souplesse, exprimer ses désirs, son plaisir et les vivre, à égalité avec vous. Dans *Le Zèbre* , le roman de Pascal Jardin, un homme se donne un mal de chien pour être à la fois le mari et l'amant, le fantaisiste et l'homme responsable, le rêve et la routine. Il veut tout représenter pour sa femme adorée, tout lui apporter, mais ce n'est pas ce qui la rend heureuse. Pour l'être, il faut pouvoir agir, se faire connaître, se faire entendre et aimer telle qu'on se sent, ici, maintenant, en ce moment. Une phrase dit que « *La joie de vivre vient du sentiment de s'appartenir* ». Or, les femmes infidèles cherchent à s'appartenir. Pour toutes, c'est une manière de dire : « *Et moi alors ?* »

Deux conceptions du couple…

Au cœur des infidélités féminines se superposent deux conceptions du couple. D'un côté le modèle traditionnel du couple fusionnel dans lequel mari et femme sont deux *« moitiés d'orange »* complémentaires, unies pour le meilleur et pour le pire, solidaires et autosuffisantes, une sorte de rencontre fulgurante et durable entre le Prince Charmant et la femme idéale. Glisser dans cet interstice une infidélité est une forme de scandale. La *« trahison »* n'est pardonnable que si le couple va mal. Ah ! Si seulement le Prince Charmant avait continué d'assurer, mais il ne fait plus aucun effort. Il joue au mari. Il ne pense qu'à son travail. Il néglige sa petite femme... qui se venge ou se console dans les bras d'un autre, en mâtinant sa culpabilité de « *Bien fait pour lui !* ».

Dans ce contexte d'adultère traditionnel, c'est mathématique, on ne peut pas faire deux à trois moitiés. C'est tout ou rien : le couple exclusif ou la mort du couple. Alors deux solutions : soit le Prince redevient charmant et le coup de canif dans le contrat n'est qu'un accident de parcours permettant de remettre les pendules à l'heure et de retourner au couple fusionnel. Soit, oui, décidément, on s'est trompé d'histoire et de héros. Reste à couper les ponts et à se remettre en quête du vrai « *bon numéro* », du vrai grand Amour. Dans ce couple-ci, pas de demi-mesure : fidèle pas fidèle, amour pas amour, totalement ensemble ou pas du tout.

D'autres infidélités, moins nombreuses il est vrai (plus jeunes, plus urbaines et plus diplômées aussi) s'inscrivent dans une tout autre conception de l'amour et du couple. Le pilier autour duquel s'enroule cette nouvelle idée de la vie à deux n'est plus le couple, c'est le moi. Un moi multiple et chatoyant, un moi avide de se réaliser. Dans cette optique, le couple devient une association de partenaires mise au service des ego. Le bon couple ? Celui qui permet, comme l'écrit François de Singly, d'être « *libres ensemble* ».

Comment être libres... ensemble ?

Dans ce *« couple fissionnel »* (une expression de Serge Chaumier), le couple, justement, ne se veut plus exclusif et autocentré. Il tire sa richesse de toutes les expériences et influences extérieures, venant alimenter la relation commune ! Là, les images de Prince Charmant et de femme idéale se brouillent. S'y superposent l'amie de cœur, l'ex, l'expérience sexuelle divine, le copain de toujours, la passion d'un été, le confident, le sigisbée...Il n'y a pas un seul être mais des êtres qui, s'ils vous manquent, dépeuplent un paysage affectif varié. Et l'amour, le couple ? Oui, ils existent mais en sachant, comme l'écrit le Dr Philippe Brenot dans *Réinventer le couple*, que la vie à deux n'a rien de naturel. Le couple « *open* » se travaille, s'invente, redéfinit son cadre et (pourquoi pas ?) ses principes de fidélité. Souvent les liaisons « extraconjugales » ne sont pas exclues (de quel droit les interdirait-on ?) mais on y met des conditions : s'arrêter si l'on tombe amoureux par exemple. Ne pas se le dire, ce serait destructeur. Ou au contraire, se raconter les choses pour éviter des hypocrisies vécues comme intolérables (là, ce serait une trahison). Sur Internet, à la rubrique « cocus », certains hommes racontent qu'avec leur accord, leur femme a des amants car eux, non décidément, ne sont pas très portés sur la chose. Ils préfèrent qu'elles s'épanouissent sans eux et ne leur demande plus rien de ce côté-là. Sachant que pour tout le reste, ils sont faits l'un pour l'autre. En fait, tout devient possible pourvu qu'on en discute.

On en est là ! Reste à savoir si l'amour peut se partager. Est-il possible de bannir le besoin d'exclusivité affective et sexuelle des relations amoureuses ? Philippe Brenot et d'autres répètent que le couple est une notion culturelle et que l'homme peut très bien vivre selon d'autres modes d'arrangements amoureux. Certaines sociétés (rares il est vrai) comme les Na de Chine ou les Inuits du Grand Nord s'organisent sans mariage ni fidélité. Aujourd'hui, nous n'en sommes pas là. Mais demain, peut-être ?

BIBLIOGRAPHIE

Essais.

Philippe Brenot, *Le sexe et l'amour*, Ed. Odile Jacob, 2003.

Serge Chaumier, *La Déliaison amoureuse.* Ed. Armand Colin, 1999.

Jérôme Clément, *Les femmes et l'amour*, Ed. Le livre de poche, 2002.

Marie de La Forest, Dany Duran, Dr. André Corman, *Fantasmes. Ce dont rêvent les femmes*, Ed. Balland, 2003.

Shere Hite, *Les femmes et l'amour*, Ed. Stock, 1987.

Shere Hite, *Le nouveau rapport Hite*, Ed. Robert Laffont, collection Réponses, 2002.

Gérard Leleu, *La fidélité et le couple*, Ed. J'ai lu, collection Bien être, 2001.

Jeanne Mossau-Lavauz, *La vie sexuelle des Français,* Ed. de la Martinière, 2002.

Michel Onfray, *Le désir d'être un volcan,* Ed Le livre de Poche, collection biblio, 1996.

Willy Pasini, *Les nouveaux comportements sexuels*, Ed. Odile Jacob, 2003.

Paule Salomon, *Bienheureuse infidélité*, Ed. Albin Michel, 2003.

Françoise Simpère, *Aimer plusieurs hommes*, Ed. de la Martinière, 2002.

François de Singly, *Libres ensemble*, Ed. Nathan, 2000.

Ellen Willer, *Les femmes,le sexe, etc.,* Ed. Marabout, 2001.

Romans ou récits

Sophie Cadalen, *Les autres,* Ed. Blanche, 2002.

Alice Ferney, *La conversation amoureuse,* Ed. Actes Sud collection Babel, 2003.

Camille Laurens, *Dans ces bras-là*, Ed. Folio, 2000.

Camille Laurens, *L'amour, roman*, Ed. P.o.l., 2003.

Catherine Millet, *La vie sexuelle de Catherine M.,* Ed. du Seuil, collection Points, 2001.

Alina Reyes, *La politique de l'amour,* Ed. Zulma, 2002.

Films

François Truffaut, *Jules et Jim*, 1962.

Cédric Klapish, *Un air de famille*, 1996.

Virginie Wagon, *Le secret*, 2000.

Adrian Lyne, *Infidèle*, 2002.

Robert Guédiguian, *Marie-Jo et ses deux amours*, 2002.

Revues

Elle, « Si je te trompe, c'est la faute de maman ! », 19 avril 1999.

Elle, « Les femmes trompent comme les hommes », 13 novembre 2000.

Questions de femmes « 40 ans, l'âge de la tempête sexuelle », juin 2000.

Cosmopolitan, « Comment ne pas se tromper d'amant ? », décembre 2001.

Marie-France, « L'infidélité, ça commence où ? », mai 2001.

Le Parisien, « Ces Français qui trompent leur conjoint », juillet 2001.

Psychologies, « L'amour infidèle », juin 2001.

Sciences humaines, « Vers de nouveaux liens conjugaux ? », juin-juillet-août 2001.

Marianne, « Les cocus… au cœur de notre société », 12 au 18 août 2002.

Marianne, « Mari cache-toi là », du 12 au 18 août 2002.

Questions de femmes, « Amants… illusions ou délice ? », novembre 2002.

Sciences et Avenir, « Femelles infidèles », Septembre 2002.

VSD, « Vices et délices de l'infidélité », du 7 au 13 février 2002.

Elle, « Amour et érotisme, ce qui rend les couples heureux », 19 mai 2003.

Le Nouvel Observateur, « L'amour au bureau, c'est comme ça », du 13 au 19 février 2003.

Si vous voulez réagir, apporter votre témoignage, l'auteur de ce livre vous répond sur Internet :

infos@leduc-s.com

• • • SAGIM • CANALE • • •

Achevé d'imprimer en janvier 2004
sur rotative Variquik
à Courtry (77181)

Imprimé en France

Dépôt légal : janvier 2004
N° d'impression : 7163